우울, 불안, 외상후 스트레스장애와 만나는

미술치료 열두 달 프로그램 V

최외선 · 김갑숙 · 서소희 · 류미련 · 강수현 · 조효주 · 박금채 공저

학지사

머리말

1. 왜 미술치료인가

2014년 4월 16일, 안산 단원고 학생 325명을 포함하여 총 476명의 승객을 태우고 인천을 출발해 제주도로 향하던 세월호가 진도 앞바다에서 침몰하였다. 세월호 참사의 충격은 사고 당사자인 생존자, 실종자 가족, 유가족은 물론 TV를 지켜보던 수많은 국민에게 깊은 분노와 후회, 안타까움, 죄책감을 느끼게 하였고, 대한민국 국민 모두를 깊은 우울과 패닉 상태에 빠트렸다. 극심한 고통과 혼란을 유발한 이러한 충격적인 사건은 2년이란 시간이 흘렀음에도 아직까지 여러 모양으로 고통스럽고 아픈 심리적 상처로 남아 있다.

우리는 크고 작은 사건들을 경험하며 살아가고 있다. 그 사건들로 인해 우울과 불안감을 느끼거나 더 심하게는 일상생활조차 힘겨울 정도의 스트레스를 받게 된다. 충격적인 사건을 경험하면 재경험 증상이나 회피 증상이 나타나는 외상후 스트레스장애를 겪게 된다. 우울과 불안, 외상후 스트레스장애를 겪게 될 때 극심한 마음의 고통을 치료하는 일은 쉬운 일이 아니다. 미술치료는 다양한 매체를 통해 심리적 이완을 줄 수 있는 미술활동의 과정이나 결과물로, 우울과 불안을 언어화하거나 외상경험에 대해 인식하고 표현하는 데 어려움이 있는 내담자의 생각을 시각화하거나 보다 은유적인 표현으로 정리하는 데 도움을 준다. 나아가 미술활동을 통하여 미처 알아차리지 못한 것들에 대해 생각할 수 있고 자신이 받은 충격적인 사건이나 심리적 어려움을 안전한 방법으로 표출하도록 하여 스스로 대처할 수 있는 방법을 탐색하도록 돕는다.

2. 어떻게 구성되었는가

우리는 수없이 많은 사건과 사고에 노출되어 있다. 직접적으로 또는 간접적으로 다양한 사건과 사고를 경험하며 심리적 고통을 받기도 하고 감정을 다루는 데 어려움을 겪기도 한다. 이 책은 심리적으로 어려움을 겪는 이들과 만나 임상 현장에서 미술치료를 함께하며 경험하게 되는 다양한 사례, 그 사례들을 풀어 가며 마주하게 되는 치료사의 역할 등을 함께 나누고자 하는 마음에서 시작되었다.

이 책은 우울, 불안과 만나는 여섯 달과 외상후 스트레스장애와 만나는 여섯 달로 구성되어 있다. 열두 달 동안 우리는 우울, 불안, 외상후 스트레스장애로 고통받는 다양한 사례를 자세하게 다룰 것이다. 마음을 치유하는 부분이기 때문에 정확하게 어느 정도의 기간이 소요된다고는 말할 수는 없지만 최소 여섯 달 동안 탐색단계에서부터 시작하여 마음 속 깊은 곳까지 다루어 치유로 나아갈 수 있도록 다양한 미술치료 기법을 제시하였다.

우울과 불안, 외상후 스트레스장애의 각 영역은 '알고 가기' '짚고 가기' '함께 가기'로 구성되어 있다. '알고 가기'에는 DSM-5의 진단기준과 특성에 대한 내용을 담았다. '짚고 가기'에서는 미술치료 기법을 실시하기에 앞서 4가지 중요한 주제와 각 주제를 순차적으로 다뤄야 할 필요성을 담았다. 또 심리적으로 어려움을 겪는 이들을 만나며 쌓아 온 미술치료사의 경험과 이론을 접목하여 꼭 짚어 보아야 하는 내용들을 포함하였다. '함께 가기'에는 심리적으로 어려움을 겪는 이들과 만나서 함께할 수 있는 미술치료 기법을 담았다. 기법은 치료적으로 중요한 4가지를 주제로 구성하였고, 각 주제별로 점진적이고 순차적인 접근으로 진행하되, 다양한 매체와 방법을 시도할 수 있도록 노력하였다.

3. 어떻게 사용할까

자신의 속마음을 드러낸다는 것은 쉬운 일이 아니다. 우리는 처음 만난 사람에게 자신의 깊은 상처나 고민을 이야기하지는 않는다. 자신의 속마음을 이야기해도 안전하다 싶은 믿음이 있는 사람에게만 자신의 아픔을 드러낸다. 이 책에서는 우울과 불안, 외상후 스트레스장애로 어려움을 겪는 사람들을 위한 다양한 기법을 소개하고 있으나 미술치료 기법의 적용에 앞서 반드시 내담자와의 라포가 충분히 형성되어야만 한다. 라포는 충분히 형성되었지만 내담자가 상처 입은 자신의 속마음을 드러내는 데까지 시간이 오래 걸린다 하더라도 치료사는 조급해하지 말고 기다려 주어야 한다. 이 책에서는 건강한 지지체계가 있는 경우이거나 다른 프로그램들이 이미 선행되어 외상사건을 다룰 수 있는 상태에 이른 내담자들에게 적용하였을 경우 더욱 효과적인 기법들을 소개한다.

이 책은 하나의 주제 안에 3개의 미술치료 기법을 소개하지만 내담자에 따라서 더 많은 세부 단계로 나누어 탐색을 해야 할 경우도 있고, 주제에 맞는 부분만 발췌하여 사용할 수도 있다. 이 미술치료 기법들은 우울과 불안, 외상후 스트레스장애를 위한 미술치료로 고안된 것이지만 주제와 목표, 매체 등을 고려하여 아동이나 청소년, 성인 등 일반 내담자들에게도 적용할 수 있다.

4. 끝으로

또 한 권의 미술치료 열두 달 프로그램이 나오기까지 머리를 맞대어 함께 고민하고 한 마음이 되었던 부산인지심리연구소 선생님들과 보이지 않는 곳에서도 많은 격려와 지지를 해 주신 분들께 감사의 마음을 전한다. 그리고 이 책의 출판을 기꺼이 승낙해주신 학지사 김진환 사장님, 교정과 편집을 위해 수고해 주신 이상경 선생님께 진심으로 감사드린다.

2016년 7월
저자 일동

우울과 불안

외상후 스트레스장애

외상후 스트레스장애와 만나는 여섯 달

우울과 불안

우울, 불안과 만나는 여섯 달

알고 가기

함께 가기

알고 가기

누구나 경험할 수 있는 우울과 불안이 정도를 넘어 일상생활에서 과도한 심리적 고통을 느끼거나 현실적인 적응에 심각한 어려움을 겪게 될 경우 이 증상에 대한 치료가 필요하다. 우울장애와 불안장애의 정의와 특성을 살펴보면 다음과 같다.

우울장애

우울장애는 슬픔, 공허감, 짜증스러운 기분과 그에 수반되는 신체적 인지적 증상으로 인해 개인의 기능이 현저하게 저하되는 부적응 증상을 의미한다(권석만, 2014).

우울장애 범주에는 파괴적 기분조절부전장애, 주요우울장애, 지속성 우울장애(기분저하증), 월경전불쾌감장애, 물질/약물치료로 유발된 우울장애, 다른 의학적 상태로 인한 우울장애, 달리 명시된 우울장애, 명시되지 않은 우울장애가 포함된다.

이 책에서는 주요우울장애와 지속성 우울장애(기분저하증)에 대해 살펴보고자 한다.

1. 주요우울장애 정의

주요우울장애(Major Depressive Disorder)는 심각한 증상이 다양하게 나타나 가장 심한 증세를 나타내는 우울장애의 유형이다.

진단기준
A. 다음의 증상 가운데 5가지(또는 그 이상)의 증상이 2주 연속으로 지속되며 이전의 기능 상태와 비교할 때 변화를 보이는 경우, 증상 가운데 적어도 하나는 (1) 우울 기분이거나 (2) 흥미나 즐거움의 상실이어야 한다.

주의점: 명백한 다른 의학적 상태로 인한 증상은 포함되지 않아야 한다.

1. 하루 중 대부분 그리고 거의 매일 지속되는 우울 기분에 대해 주관적으로 보고(예, 슬픔, 공허감 또는 절망감)하거나 객관적으로 관찰됨(예, 눈물 흘림) (**주의점**: 아동 · 청소년의 경우는 과민한 기분으로 나타나기도 함)

2. 거의 매일, 하루 중 대부분, 거의 또는 모든 일상 활동에 대해 흥미나 즐거움이 뚜렷하게 저하됨

3. 체중 조절을 하고 있지 않은 상태에서 의미 있는 체중의 감소(예, 1개월 동안 5% 이상의 체중 변화)나 체중의 증가, 거의 매일 나타나는 식욕의 감소나 증가가 있음(**주의점**: 아동에서는 체중 증가가 기대치에 미달되는 경우)

4. 거의 매일 나타나는 불면이나 과다수면

5. 거의 매일 나타나는 정신운동 초조나 지연(객관적으로 관찰 가능함, 단지 주관적인 좌불안석 또는 처지는 느낌뿐만이 아님)

6. 거의 매일 나타나는 피로나 활력의 상실

7. 거의 매일 무가치감 또는 과도하거나 부적절한 죄책감(망상적일 수도 있는)을 느낌(단순히 병이 있다는 데 대한 자책이나 죄책감이 아님)

8. 거의 매일 나타나는 사고력이나 집중력의 감소 또는 우유부단함(주관적인 호소나 객관적인 관찰 가능함)

9. 반복적인 죽음에 대한 생각(단지 죽음에 대한 두려움이 아닌), 구체적인 계획 없이 반복되는 자살 사고, 또는 자살 시도나 자살 수행에 대한 구체적인 계획

B. 증상이 사회적, 직업적, 또는 다른 중요한 기능 영역에서 임상적으로 현저한 고통이나 손상을 초래한다.

C. 삽화가 물질의 생리적 효과나 다른 의학적 상태로 인한 것이 아니다.

주의점: 진단기준 A부터 C까지는 주요우울 삽화를 구성하고 있다.

주의점: 중요한 상실(예, 사별, 재정적 파탄, 자연재해로 인한 상실, 심각한 질병이나 장애)에 대한 반응으로 진단기준 A에 기술된 극도의 슬픔, 상실에 대한 반추, 불면, 식욕 저하, 그리고 체중의 감소가 나타날 수 있고 이는 우울 삽화와 유사하다. 비록 그러한 증상이 이해될 만하고 상실에 대해 적절하다고 판단된다 할지라도 정상적인 상실 반응 동안에 주요우울 삽화가 존재한다면 이는 주의 깊게 다루어져야 한다. 이러한 결정을 하기 위해서는 개인의 과거력과 상실의 고통을 표현하는 각 문화적 특징을 근거로 한 임상적인 판단이 필요하다.

D. 주요우울 삽화가 조현정동장애, 조현병, 조현양상장애, 망상장애, 달리 명시된, 또는 명시되지 않은 조현병 스펙트럼 및 기타 정신병적 장애로 더 잘 설명되지 않는다.

E. 조증 삽화 혹은 경조증 삽화가 존재한 적이 없다.

주의점: 조증 유사 혹은 경조증 유사 삽화가 물질로 인한 것이거나 다른 의학적 상태의 직접적인 생리적 효과로 인한 경우라면 이 제외 기준을 적용하지 않는다.

2. 주요우울장애 특성

1) 인지적 증상

자신에 대해 극단적인 부정적 태도를 보인다. 자신이 부적절하며 바람직하지 않고 열등하다고 생각한다. 우울한 사람들은 항상 어떤 것도 전혀 나아지지 않을 것이라고 확신하며, 삶의 어떤 것도 변하지 않을 것이라고 무력하게 느낀다. 우울장애가 심해지면 자살에 대한 생각이 증가하고 실제로 자살을 시도하는 경우가 있다.

2) 정서적 증상

대부분의 우울한 사람들은 슬픔과 낙담을 느낀다. 불안, 분노, 안절부절못함을 경험한다. 아동과 청소년의 경우 슬픈 기분보다는 과민한 기분으로 나타날 수 있다.

3) 행동적 증상

일상 활동을 하려는 욕구를 잃고, 덜 활동적이고 덜 생산적인 태도를 나타낸다. 움직임이나 말이 느려지기도 한다.

4) 신체적 증상

두통, 소화불량, 변비, 현기증, 일반적인 통증과 같은 신체적인 질병을 갖는다. 식욕과 수면 장애를 나타낸다.

3. 지속성 우울장애 정의

지속성 우울장애(Persistent Depressive Disorder)는 우울증상이 2년 이상 지속적으로 나타나는 경우를 말한다.

진단기준	300.4 (F34.1)

이 장애는 DSM-Ⅳ에서 정의된 만성 주요우울장애와 기분부전장애를 통합한 것이다.

A. 적어도 2년 동안, 하루의 대부분 우울 기분이 있고, 우울 기분이 없는 날보다 있는 날이 더 많으며, 이는 주관적으로 보고하거나 객관적으로 관찰된다.

　　주의점: 아동·청소년에서는 기분이 과민한 상태로 나타나기도 하며, 기간은 적어도 1년이 되어야 한다.

B. 우울 기간 동안 다음 2가지(또는 그 이상)의 증상이 나타난다.

　　1. 식욕 부진 또는 과식

　　2. 불면 또는 과다수면

　　3. 기력의 저하 또는 피로감

　　4. 자존감 저하

　　5. 집중력 감소 또는 우유부단

　　6. 절망감

C. 장애가 있는 2년 동안(아동·청소년에서는 1년) 연속적으로 2개월 이상, 진단기준 A와 B의 증상이 존재하지 않았던 경우가 없었다.

D. 주요우울장애의 진단기준을 만족하는 증상이 2년간 지속적으로 나타날 수 있다.

E. 조증 삽화, 경조증 삽화가 없어야 하고, 순환성장애의 진단기준을 충족하지 않아야 한다.

F. 장애가 지속적인 조현정동장애, 조현병, 망상장애, 달리 명시된, 또는 명시되지 않은 조현병 스펙트럼 및 기타 정신병적 장애와 겹쳐서 나타나는 것이 아니다.

G. 증상이 물질(예, 남용약물, 치료약물)의 생리적 효과나 다른 의학적 상태(예, 갑상선기능저하증)로 인한 것이 아니다.

H. 증상이 사회적, 직업적, 또는 다른 중요한 기능 영역에서 임상적으로 현저한 고통이나 손상을 초래한다.

주의점: 주요우울 삽화의 진단기준은 지속성 우울장애(기분저하증)에는 없는 4가지 증상이 포함되어 있기 때문에, 극소수가 2년 이상 지속되는 우울 증상들을 가지게 되며, 지속성 우울장애의 진단기준을 만족하지 못한다. 만약 질환의 현 삽화 기간 동안 어느 시점에서든 주요우울장애의 진단기준을 모두 만족한다면 주요우울장애로 진단해야 한다. 그러나 만약 그렇지 않다면 달리 명시된 우울장애 또는 명시되지 않는 우울장애를 진단할 수 있는 근거가 된다.

4. 지속성 우울장애 특성

1) 지속성 우울장애의 핵심증상은 만성적 우울감이다.
2) 자신에 대한 부적절감, 흥미나 즐거움의 상실, 사회적 위축, 낮은 자존감, 죄책감, 과거에 대한 반추, 낮은 에너지 수준, 생산적 활동의 감소 등을 나타낸다.
3) 지속성 우울장애는 비만성적 우울장애에 비해서 만성적인 경과를 보이기 때문에 실업, 재정적 곤란, 운동능력의 약화, 사회적 위축, 일상생활의 부적응이 더욱 심각하게 나타날 수 있다.

불안장애

불안은 누구나 경험하는 불쾌한 감정이다. 위험한 상황에서 느끼는 불안은 위험을 대비하기 위한 심리적인 적응 반응이며 정상적인 불안이라고 할 수 있다. 그러나 현실적인 위험의 가능성이 없거나 대부분의 사람이 위험을 느끼지 못하는 상황에서도 과도하게 긴장하여 위험의 정도에 비해 심한 불안을 느끼거나, 위험한 요소가 사라진 후에도 불안이 과도하게 지속되어 부적응적인 양상으로 작동하는 경우는 병적인 불안이라고 할 수 있다. 이러한 병적인 불안으로 인하여 과도한 심리적 고통을 느끼거나 현실적응에 심각한 어려움을 겪는 경우를 불안장애라고 한다(권석만, 2014). 불안장애는 분리불안장애, 선택적 함구증, 특정공포증, 사회불안장애(사회공포증), 공황장애, 범불안장애, 물질/약물치료로 유발된 불안장애, 다른 의학적 상태로 인한 불안장애, 달리 명시된 불안장애, 명시되지 않은 불안장애를 포함한다.

이 책에서는 범불안장애와 분리불안장애, 사회불안장애(사회공포증)에 대해 살펴보고자 한다.

1. 범불안장애 정의

범불안장애(Generalized Anxiety Disorder)는 다양한 상황에서 만성적인 불안과 과도한 걱정을 나타내는 경우를 말한다. 일상생활 속에서 겪게 되는 여러 가지 사건이나 활동에 대해서 지나치게 걱정함으로써 지속적인 불안과 긴장을 경험한다. 이런 상태가 계속되면 개인은 몹시 고통스러울 뿐만 아니라 일상생활의 적응에도 심각한 어려움을 겪게 된다(권석만, 2014).

진단기준	300.02 (F41.1)

A. (직장이나 학업과 같은) 수많은 일상 활동에 있어서 지나치게 불안해하거나 걱정(우려하는 예측)을 하고, 그 기간이 최소한 6개월 이상으로 그렇지 않은 날보다 그런 날이 더 많아야 한다.

B. 이런 걱정을 조절하기가 어렵다고 느낀다.

C. 불안과 걱정은 다음의 6가지 증상 중 적어도 3가지 이상의 증상과 관련이 있다(지난 6개월 동안 적어도 몇 가지 증상이 있는 날이 없는 날보다 더 많다).

주의점: 아동에서는 한 가지 증상만 만족해도 된다.

1. 안절부절못하거나 낭떠러지 끝에 서 있는 느낌

2. 쉽게 피곤해짐

3. 집중하기 힘들거나 머릿속이 하얗게 되는 것

4. 과민성

5. 근육의 긴장

6. 수면 교란(잠들기 어렵거나 유지가 어렵거나 밤새 뒤척이면서 불만족스러운 수면 상태)

D. 불안이나 걱정, 혹은 신체 증상이 사회적, 직업적, 또는 다른 중요한 기능 영역에서 임상적으로 현저한 고통이나 손상을 초래한다.

E. 장애가 물질(예, 남용약물, 치료약물)의 생리적 효과나 다른 의학적 상태(예, 갑상선기능항진증)로 인한 것이 아니다.

F. 장애가 다른 정신질환으로 더 잘 설명되지 않는다(예, 공황장애에서 공황발작을 일으키는 것, 사회불안장애[사회공포증]에서 부정적 평가, 강박장애에서 오염이나 다른 강박 사고, 분리불안장애에서 애착 대상과의 분리, 외상후 스트레스장애에서 외상 사건을 상기시키는 것, 신경성 식욕부진증에서 체중 증가, 신체증상장애에서 신체적 불편, 신체이형장애에서 지각된 신체적 결점, 질병불안장애에서 심각한 질병, 조현병이나 망상장애에서 망상적 믿음의 내용에 대해 불안해하거나 걱정하는 것).

2. 범불안장애 특성

1) 인지적 증상

일상생활에서 위험하다고 생각되는 정보에 관심이 많고, 선택적으로 주의를 기울여서 과잉경계를 한다. 사건이나 상황을 위협적으로 평가하고 위험한 사건이 발생할 확률을 높게 평가하는 경향이 있다. 위험한 사건에 대처하는 자신의 능력을 과소평가한다.

2) 정서적 증상

특별한 원인 없이 막연하게 불안을 느낀다. 모든 일에 지나치게 걱정을 한다. 과민한 상태에 있어 초조하고 잘 놀라며 쉽게 짜증이나 화를 낸다.

3) 행동적 증상

불필요한 걱정에 초점이 맞추어져 우유부단하고 꾸물거리는 지연행동의 경향을 보인다. 아동의 경우 끊임없이 확인을 하고 동의를 구하거나 손톱을 물어뜯는 등의 습관을 나타낸다.

4) 신체적 증상

불안은 심장이 두근거리고 호흡이 빨라지거나 얼굴이 붉어지고 땀이 나는 증상을 동반한다. 계속적인 긴장 때문에 근육이 긴장되어 통증이 있고, 쉽게 피로해져서 만성적인 피로감을 느낀다. 두통, 복통, 소화불량, 과민성 대장증후군, 수면장애를 경험한다.

5) 사회적 결함

지나친 불안으로 인해 일상생활의 중요한 일에 상당한 지장을 초래하고 현실적인 업무처리를 잘하지 못하는 경향이 있다. 아동의 경우 새로운 또래 집단에 들어가는 등의 사회적 상황에서 위협과 위험을 평가하는 데 왜곡이 있고, 또래와 상호작용을 하는 데 어려움을 보인다.

3. 분리불안장애 정의

분리불안장애(Separation Anxiety Disorder)는 어머니와 같이 중요한 애착 대상으로부터 떨어지는 것에 대해 과도한 불안을 나타내는 정서적 장애를 말한다.

진단기준	309.21 (F93.0)

A. 애착 대상과의 분리에 대한 공포나 불안이 발달 수준에 비추어 볼 때 부적절하고 지나친 정도로 발생한다. 다음 중 3가지 이상이 나타나야 한다.
1. 집 또는 주 애착 대상과 떨어져야 할 때 과도한 고통을 반복적으로 겪음
2. 주 애착 대상을 잃거나 질병이나 부상, 재앙 혹은 죽음 같은 해로운 일들이 그에게 일어날 것이라고 지속적으로 과도하게 걱정함
3. 곤란한 일(예, 길을 잃거나, 납치당하거나, 사고를 당하거나, 아프게 되는 것)이 발생하여 주 애착 대상과 떨어지게 될 것이라고 지속적으로 과도하게 걱정함
4. 분리에 대한 공포 때문에 집을 떠나 학교, 직장 혹은 다른 장소로 외출하는 것을 지속적으로 거부하거나 거절함
5. 집이나 다른 장소에서 주 애착 대상이 없이 있거나 혼자 있는 것에 대해 지속적으로 과도하게 두려워하거나 거부함
6. 집에서 떠나 잠을 자는 것이나 주 애착 대상 곁이 아닌 곳에서 자는 것을 지속적으로 과도하게 거부하거나 거절함
7. 분리 주제와 연관된 반복적인 악몽을 꿈

8. 주 애착 대상과 떨어져야 할 때 신체 증상을 반복적으로 호소함(예, 두통, 복통, 오심, 구토)

B. 공포, 불안, 회피 반응이 아동·청소년에서는 최소한 4주 이상, 성인에서는 전형적으로 6개월 이상 지속되어야 한다.

C. 장애가 사회적, 직업적, 또는 다른 중요한 기능 영역에서 임상적으로 현저한 고통이나 손상을 초래한다.

D. 장애가 다른 정신질환으로 더 잘 설명되지 않는다. 예를 들어, 자폐증에서 변화에 대한 저항으로 인해 집 밖에 나가는 것을 회피하는 것, 정신병적 장애에서 분리에 대한 망상이나 환각이 있는 경우, 광장공포증으로 인해 믿을 만한 동반자 없이는 밖에 나가기를 거부하는 경우, 범불안장애에서 건강 문제나 다른 해로운 일이 중요한 대상에게 생길까 봐 걱정하는 것, 질병불안장애에서 질병이 발생할까 봐 걱정하는 것

4. 분리불안장애 특성

1) 인지적 증상

애착 대상을 갑자기 상실하게 되거나 떨어지게 될지도 모른다는 비현실적인 왜곡된 생각을 가진다. 모호한 상황을 위험한 것으로 해석하고 위험에 대처할 수 있는 자신의 능력을 낮게 평가하는 경향이 있다. 애착 대상과 분리되었을 때 학업이나 놀이에 집중하기 어려운 증상을 보인다. 어린 아동의 경우 혼자 있을 때 평소와 다른 지각 경험을 보고할 수 있다.

2) 정서적 증상

애착 대상과 분리될 때 극심한 불안과 공포를 나타낸다. 분리 상황을 만드는 대상에게 화를 내거나 공격성을 표출할 수 있다. 아동의 경우 사회적인 위축, 무감동, 슬픔을 나타낸다. 집을 떠나면 향수병에 걸리거나 심한 고통을 느낀다.

3) 행동적 증상

아동의 경우 부모에게 매달리고 자기 옆을 지키도록 끊임없이 요구한다. 부모에게 해달라고 떼쓰는 의존적인 행동을 보인다. 애착 대상과 분리되지 않기 위해 등교를 거부할 수 있다. 낯선 사람과의 접촉을 피한다. 성인의 경우 혼자 여행하는 것을 불편해하고, 의존적이거나 과잉 방어적으로 보일 수 있다.

4) 신체적 증상

애착 대상과 분리되거나 분리가 예상될 때 두통, 복통, 구토 등의 신체증상이 나타난다. 청소년과 성인의 경우 두근거림, 어지럼증 등을 보인다.

5. 사회불안장애 정의

사회불안장애(Social Anxiety Disorder)는 다른 사람들과 상호작용하는 사회적 상황을 두려워하여 회피하는 장애로서 사회공포증이라고 불리기도 한다.

진단기준	300.23 (F40.10)
A. 타인에게 면밀하게 관찰될 수 있는 하나 이상의 사회적 상황에 노출되는 것을 극도로 두려워하거나 불안해한다. 그러한 상황의 예로는 사회적 관계(예, 대화를 하거나 낯선 사람을 만나는 것), 관찰되는 것(예, 음식을 먹거나 마시는 자리), 다른 사람들 앞에서 수행을 하는 것(예, 연설)을 들 수 있다.	
주의점: 아이들에게서는 성인과의 관계가 아니라 아이들 집단 내에서 불안해할 때만 진단해야 한다.	
B. 다른 사람들에게 부정적으로 평가되는 방향(수치스럽거나 당황한 것으로 보임, 다른 사람을 거부하거나 공격하는 것으로 보임)으로 행동하거나 불안 증상을 보일까 봐 두려워한다.	

C. 이러한 사회적 상황이 거의 항상 공포나 불안을 일으킨다.

　　주의점: 아동의 경우 공포와 불안은 울음, 분노발작, 얼어붙음, 매달리기, 움츠러듦 혹은 사회적 상황에서 말을 하지 못하는 것으로 표현될 수 있다.

D. 이러한 사회적 상황을 회피하거나 극심한 공포와 불안 속에 견딘다.

E. 이러한 불안과 공포는 실제 사회 상황이나 사회문화적 맥락에서 볼 때 실제 위험에 비해 비정상적으로 극심하다.

F. 공포, 불안, 회피는 전형적으로 6개월 이상 지속되어야 한다.

G. 공포, 불안, 회피는 사회적, 직업적, 또는 다른 중요한 기능 영역에서 임상적으로 현저한 고통이나 손상을 초래한다.

H. 공포, 불안, 회피는 물질(예, 남용약물, 치료약물)의 생리적 효과나 다른 의학적 상태로 인한 것이 아니다.

I. 공포, 불안, 회피는 공황장애, 신체이형장애, 자폐스펙트럼장애와 같은 다른 정신질환으로 더 잘 설명되지 않는다.

J. 만약 다른 의학적 상태(예, 파킨슨병, 비만, 화상이나 손상에 의한 신체 훼손)가 있다면, 공포, 불안, 회피는 이와 무관하거나 혹은 지나칠 정도다.

다음의 경우 명시할 것:

　수행형 단독: 만약 공포가 대중 앞에서 말하거나 수행하는 것에 국한될 때

6. 사회불안장애의 특성

1) 인지적 증상

사회적 상황에서 자신이 호감을 주지 못한다는 부정적인 기대를 가진다. 다른 사람들의 평가를 중요하게 생각하고 인정을 받기 위해 완벽해야 한다고 생각하는 한편 부정적인 평가를 극도로 두려워한다. 사회적 상황에서 자신의 행동을 스스로 부정적으로 평가하고 과도하게 자기 비판적인 경향이 있다.

2) 행동적 증상

사회적 상황에서 느끼는 강한 불편감으로 인해 아무런 행동을 하지 못하고 얼어붙은 것처럼 보인다. 다른 사람들이 자신을 관찰하거나 평가받는 사회적 상황을 회피하거나 두려워한다.

3) 신체적 증상

사회적 상황에서 심장박동이 빨라지고, 가슴이 두근거리며, 호흡이 빨라지고 얼굴이 붉어진다. 또한 손발과 목소리가 떨리고 근육이 긴장되며, 어지러움을 느낀다.

함께 가기

1 안전한 대상 만들기

짚고 가기

　심리적 갈등이 해소되지 못할 경우 타인이나 외부 환경으로 억눌린 감정을 공격적으로 발산하거나 자신을 학대하고 자신을 무의식적으로 파괴하고자 하는 행동을 한다. 이러한 심리적 갈등이 지속될 경우 우울한 기분 및 의욕 상실, 체중과 수면의 변화, 무가치함과 죄책감 등의 우울을 경험하게 된다. 또한 심리적 갈등이 위험한 상황이라고 인식될 경우 과도한 불안과 걱정, 강렬한 공포를 느끼게 되는 불안을 경험하게 된다. 이러한 우울과 불안의 치료에는 자신의 내면을 투사하여 표현할 안전한 대상이 필요하다. 자신을 달래 주고 위로해 주고 격려해 주고 공감해 주는 안전한 대상으로서 치료사의 역할은 매우 중요하다. 이러한 치료사와의 관계 경험을 통해 혼자서도 견디는 힘을 기르게 된다.

　인형은 개인이 특별한 의미를 부여할 수 있는 대상이 될 수 있다. 또한 자신이 미워하고, 분노하고, 두려워하고, 소원하는 감정을 인형을 통해 전이시키거나 투사시킬 수 있는 안전한 대상 중 하나다. 실제 상황 속에서 표현하기에 위협적이고 부정적인 감정들을 인형에 투사시켜 안전하게 표출할 수 있다. 치료 장면에서 내담자는 인형을 중요한 타인으로 인식하여 인형과의 관계 안에서 다양한 관계를 경험할 수 있어 감정이나 사고의 유연성에도 도움이 된다. 아동의 경우 인형은 불안한 아동에게 애착대상으로서의 역할을 하여 안정감을 줄 수 있다. 또한 인형을 자신의 분신으로 인식하여 자기상이 투사되므로 인형을 통해 긍정적인 자아상을 형성하도록 도울 수 있다.

퍼펫(puppet)

█ 목표

1. 인형을 만들어 부정적인 정서를 안전하게 표출할 수 있다.
2. 부정적인 정서를 자신과 분리시켜 심리적으로 이완할 수 있다.

█ 준비물

비닐 봉지, 신문지 또는 잡지, 유성매직

█ 활동방법

1. 자신이 걱정되거나 화가 나는 일은 어떤 것인지 떠올린다.
2. 자신의 걱정이나 화를 표정으로 그린다면 어떤 표정을 하고 있을지 생각하여 비닐 봉지에 유성매직으로 크게 그린다.
3. 걱정되는 일이나 화가 났던 일을 신문지 또는 잡지에 글로 적거나 그림을 그려서 구기거나 찢는다.
4. 비닐 봉지 안에 구기거나 찢은 신문지 또는 잡지를 채워 넣고 비닐 봉지의 손잡이를 잡아당겨 묶어서 인형을 만든다.
5. 걱정이나 화가 가득 든 인형에게 하고 싶은 말이나 하고 싶은 행동을 직접 해 본다(아동의 경우 실제로 사람에게는 할 수 없지만 치료사와 치료실 내에서만 안전하게 허용되는 것

임을 알게 하고 아무도 다치지 않음을 이야기하여 아동의 불안이나 죄책감을 덜어 준다).

6. 정서(감정)를 표출할 수 있는 신체활동으로 인형의 크기를 작게 만든다(예: 주먹으로 치기, 던지기, 밟기, 돌리기, 다독거리기, 안아 주기 등).

7. 신체활동을 통해 종이가 압착되고 납작해져서 걱정이나 화가 줄어든 인형을 보는 느낌에 대해 이야기 나눈다.

8. 비닐을 움직여 인형의 표정을 다양하게 변화시킨다(예: 걱정하거나 슬픈 표정을 그린 경우 웃는 표정이나 화난 표정 등, 화난 표정의 경우 기운이 빠져 찌그러진 표정이나 우스꽝스러운 표정 등).

9. 자신이 걱정을 덜 하거나 걱정 또는 화가 사라지도록 하기 위해 실제 상황에서는 어떻게 행동할 수 있는지 탐색한다.

10. 자신이 만든 인형이 자신 외에 누구에게 필요한지, 그 이유는 무엇인지 생각한다.

11. 활동 후 느낀 점에 대해서 이야기 나눈다.

사례 1.

범불안, 초등6, 남

내담자의 범불안에 대하여...

내담자는 어린 시절부터 예민한 편이었고 초등학교 5학년 때 전학을 하면서 불안이 높아졌다. 학교 친구들과 이야기를 할 때도 안절부절못하며 말을 더듬었고 땀이 많이 났다. 특히 손에 땀이 많이 나서 악수를 하거나 손을 잡는 행동을 심하게 꺼렸고 또래관계가 좋지 않았다. 수업시간에 걱정이 떠올라서 수업에 집중을 하지 못하겠다고 하였다. 내담자는 밤이 되면 자기 전에 집의 모든 문이 잠겨 있는지 확인을 하고 나서야 잠자리에 들 수 있었다. 어머니가 문단속을 못하게 하면 과민하게 짜증을 부리고 신경질을 냈다. 깊이 잠들지 못하고 작은 소리에도 깨어서 밤새 잠을 자지 못하는 일이 심해져서 내담자의 어머니는 약물치료를 고려하고 있다.

내담자와의 미술치료에서는...

내담자는 걱정이 많이 된다고 하지만 무엇이 걱정이 되는지 구체적으로 표현하지 못하였다. 걱정이 되는 장소를 물어보자 학교 교실에서도 걱정이 되고, 치료실에서도 걱정이 되고, 집에서도 걱정이 되고, 밤에 잘 때 도둑이 들까 봐 걱정이 되어서 문이 잠겨 있는지 꼭 자신이 확인을 해야 한다고 하였다. 내담자의 걱정은 화가 나 있는 모습이고 자신을 삼킬 것같이 입이 크다고 하였다.

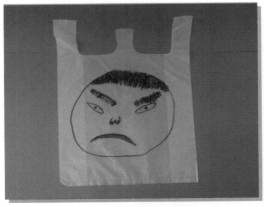

비닐 봉지에 표정 그리기

내담자는 자신의 '걱정'에게 욕을 하고 싶다고 하였다. 안절부절못하다가 어머니에게 지적을 당한 일, 사촌동생이 오기로 했는데 오지 않는다고 해서 소리를 질렀을 때 어머니가 '오바'한다고 핀잔을 준 일, 공부를 못하면 미래에는 거지가 되어서 노숙자가 될지도 모른다는 걱정을 신문지에 적었다.

종이에 걱정이나 화 적기

내담자는 걱정의 표정을 그려 놓은 비닐봉지에 자신의 걱정을 글로 적고 그림을 그린 신문지를 찢고 구겨서 넣었다. 비닐 손잡이를 잡아당겨 묶어서 인형을 만들었다.

구기거나 찢어서 봉지에 넣기

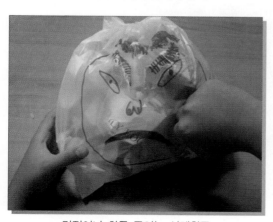

내담자는 처음에 조심스럽게 손으로 인형의 볼을 꽉 쥐어 보고, 주먹으로 치는 시늉을 하다가 바닥에 내려놓고 발로 밟더니 비닐이 터졌다고 "AS를 해야겠다."고 말하며 테이프로 붙이고 다시 밟고 차기를 반복하였다. 내담자는 인형한테 화풀이를 한 것 같다고 하며 인형은 터져도 테이프로 붙여 주면 되니까 다행이라고 하였다.

걱정이나 화를 줄이는 신체활동

내담자에게 인형의 표정을 바꾸어 보자고 하자 인형이 납작해지니까 별 거 아닌 것 같아 보인다며 눈 부분을 잡고 마구 움직였다. 눈이 쳐져야 착한 표정이라고 하며 눈을 내리고, 입은 삐죽거리면 "엄마한테 혼난다."라고 말하며 입모양을 이리저리 바꿔 보았다. 입은 작게 만들어서 잔소리를 그만하게 했으면 좋겠다고 하였다. 표정을 자기 마음대로 바꿀 수 있으니까 인형이 자기 말을 잘 듣는 것 같다고 하였다.

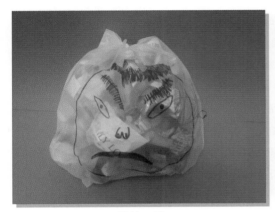

화의 표정

변화시킨 표정

내담자는 걱정을 인형에게 다 줄 수 있으면 좋겠다고 하였고 그러나 그런 일은 불가능한 일이라고 하였다. 기적이 일어나서 그렇게 된다면 내담자에게서 걱정이 없어졌다는 것을 어떻게 알 수 있는지 물어보자 가만히 앉아 있을 수 있으니까 엄마에게 야단맞지 않을 것이라고 하였다. 학교에서도 집중을 할 수 있고 그러면 성적이 좋아서 어른이 되어서 좋은 직장에 들어갈 수 있을 것이라고 하였다. 내담자가 치료자와 작업을 하며 집중을 잘한 것에 대해 이야기 나누고 내담자의 일상생활에서 걱정을 하지 않는 상황을 찾아보도록 하였다.

걱정을 줄이기 위해 내담자가 할 수 있는 일을 찾아 점수로 이야기해 보도록 하자 집에 문이 닫힌 것을 확인하면 10점 만점에서 7점 정도로 줄어든다고 하였다. 일주일 스케줄을 알고 있으면 8점에서 6점 정도로 걱정이 줄어든다고 하였다. 그리고 주머니 인형은 엄마에게 필요할 것 같고, 엄마가 화를 많이 내기 때문에 화를 담은 인형을 만들면 좋겠다고 하였다.

사례 2.

분리불안, 초등2, 여

내담자의 분리불안에 대하여...

내담자의 부모는 이혼 소송 중에 있고, 내담자는 아버지와 함께 살다가 2개월 전 어머니 집으로 이사를 하여 어머니, 동생과 함께 살고 있다. 내담자는 이사를 한 후 지난 2개월 동안 극도로 불안해하며 학교를 가지 않겠다고 하였다. 어머니가 내담자의 학교에 함께 가면 교실에 앉아서 어머니가 교실 뒤에 서 있는지, 나가는지 계속 뒤를 돌아보고 확인했다. 잠시라도 어머니가 보이지 않으면 "엄마가 안 보여요. 다치면 어떡해요. 엄마가 걱정돼요."라고 계속 선생님에게 말하고 어머니가 괜찮은지 확인하려고 했다. 놀이터에서 놀거나 동생과 둘만 함께 있는 것을 잘 참지 못하고 심지어 어머니가 화장실을 가야 하는 상황에도 울고 성질을 부렸다. 매일 밤 악몽을 꾸었고, 잠을 잘 때도 어머니가 옆에 있어야 하고 자다가 깨어 어머니가 옆에 없으면 울며 온 집 안의 불을 켜 놓고 잠을 자지 못했다.

내담자와의 미술치료에서는...

걱정이나 화를 떠올려 보고 표정으로 그린다면 어떤 표정일지 생각해 보도록 하자. 내담자는 잠을 자다가 무서운 꿈을 꿔서 깨는데 그때 엄마가 옆에 없으면 정말 너무 무서워서 운다고 하며 우는 모습으로 표현하였다. 자신은 자주 우는데 엄마가 없으면 엄마가 다칠까 봐 걱정이 되어 눈물이 자꾸 난다고 하였다.

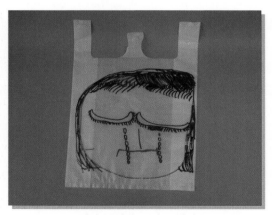

비닐 봉지에 표정 그리기

내담자는 잠들기 전에는 엄마가 있었는데 깼을 때 엄마가 없으면 걱정되는 것, 무서운 꿈을 자꾸 꾸는 것을 적고, 꿈에 나오는 괴물들을 여러 장 그려 넣었다. 그리고 학교에 있는 자신의 모습을 그리고, 엄마를 함께 그려서 동그라미를 그려 두 사람을 연결하였다.

종이에 걱정이나 화 적기

그림을 그린 종이를 구겨서 비닐에 넣고 손잡이를 당겨 묶었다. 내담자는 걱정을 많이 하니까 인형이 커져서 비닐을 묶기가 힘들다고 하였다. 내담자는 꿈에 나오는 괴물과 자신의 동생이 너무 말을 안 듣는다고 하며 인형에게 엄마처럼 야단을 쳐 주고 싶다고 하였다. 엄마 흉내를 내며 "너 내가 그렇게 하지 말랬지. 내가 너 때문에 정말~ 자, 네 방으로 가서 반성해." "뭘 잘했다고 울어!"라고 말하였다. 치료사는 내담자가 행동으로 표현할 수 있도록 하기 위해 인형이 너무 크니까 작게 만들어 보자고 하였다. 내담자가 손가락으로 조심스럽게 인형의 가장자리를 몇 번 누르기만 하고 어떻게 할지 몰라 하는 난감한 표정을 지어서 치료사가 주먹을 날리는 시범을 보여 주자 내담자가 따라하였고, 엉덩이나 발로 밟을 수 있다고 하자 조심스럽게 의자에 깔고 앉고 발로 밟으며 치료사를 쳐다보았고, 치료사가 자유롭게 하도록 격려하자 발로 차고 다니며 표출하는 행동을 보였다.

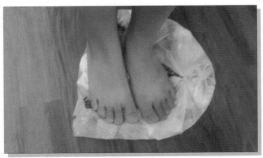

불안을 줄이는 신체활동

내담자는 인형이 작아지니까 기분이 좀 괜찮은 것 같다고 하였다. 얼굴을 평평하게 만들었다가 길쭉하게 만들었다가를 반복하며 표정이 웃기게 만들어진다고 하였고, 신체활동보다 앉아서 표정 바꾸는 것에 더 흥미를 보였다. 너무 울어서 이 인형은 울보인데 울보는 엄마가 싫어하니까 웃는 얼굴을 만들고 싶다고 하였다. 치료사가 인형을 이리저리 돌려 보도록 하여 내담자는 이렇게 하면 눈이 웃는다고 하였고, 매직으로 입을 그려서 웃는 모습으로 변형시켰다.

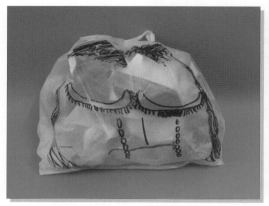

걱정의 표정

변화시킨 표정

내담자가 걱정을 줄이는 방법은 엄마가 계속 옆에 있는 것이고 엄마가 있으면 무서운 꿈도 안 꾸고 좋겠다고 하였다. 치료사는 내담자가 치료실에서 엄마가 없었는데 걱정을 많이 했는지 물어보자 조금 걱정을 했는데 인형을 발로 찰 때는 걱정을 안 한 것 같다고 하였다. 내담자에게 인형이 있으면 엄마 걱정을 조금은 덜 할 수 있을지 물었고, 내담자는 그래도 엄마가 있어야 하지만 인형도 있으면 좋겠다고 하며 집에 가서도 걱정을 담아서 공처럼 찰 것이라고 하였다.

▌Tip

1. 여러 가지 크기의 주머니를 준비하여 아동이 느끼는 정서의 크기를 반영하는 주머니를 선택하도록 할 수 있다.
2. 천 주머니에 플레이콘을 사용한 예시

주머니에 걱정이나 불안의 모습과 표정 그리기

플레이콘에 걱정이나 감정을 그려서 주머니에 넣기

걱정이나 화를 줄이는 신체활동

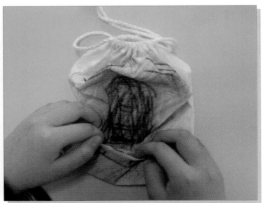

표정을 변화시킨 모습

2 수호신

▌목표

1. 자신을 보호하는 인형을 만들어 심리적 안정을 얻을 수 있다.
2. 심리적으로 안정된 상태에서 자신의 말과 행동을 예측하고 행동화할 수 있다.

▌준비물

작은 통(로션샘플 통), 고무찰흙

▌방법

1. 수호신이 무엇인지에 대해 이야기를 나눈다. 수호신에 대해 잘 이해하지 못할 경우 동화 속에 나오는 수호신이나 12지 수호신, 신화 속의 인물, 장승 등 여러 가지 수호신과 그 역할에 대해 살펴본다.
2. 자신을 지키고 보호해 주는 수호신이 있다면 어떤 모습일지 생각한다.
3. 딱딱한 고무찰흙을 만져서 부드럽게 만들며 촉감을 느껴 본 후, 작은 통(로션샘플 통)에 붙여서 자신의 수호신을 만든다.
4. 수호신이 자신을 어떤 상황에서 지켜 주고, 어떻게 보호해 주면 좋을지에 대해 이야기 나눈다.
5. 수호신이 자신을 든든히 지켜 준다면 자신은 어떤 기분이 들고, 어떤 표정을 지을

지, 또 어떤 말이나 행동을 할 수 있을지 예측해 본다(아동의 경우 불안하거나 화나는 상황에 대해서 치료사와 역할극을 한다).

6. 수호신을 빌려주고 싶거나 수호신을 만들어 주고 싶은 사람이 있는지, 그 이유는 무엇인지 이야기 나눈다.

7. 활동 후 느낀 점에 대해서 이야기 나눈다.

사례 1.

우울, 24세, 여

내담자의 우울에 대하여...

　　내담자는 어린 시절부터 내성적이고 의사표현을 잘 하지 못하여 우는 일이 많았고, 내담자가 울면 어머니가 야단을 쳤다. 초등학교 3학년 때 부모님이 이혼을 하면서 외할머니 집에서 자랐고 대학을 진학하며 학교 근처에서 혼자 지냈다. 내담자는 대학교 동아리에서 남자 친구를 만나 1년 정도 연애를 하다가 8개월 전 남자친구로부터 일방적인 이별을 통보받았다. 그 후 이유 없이 식은땀이 자주 나고 가슴에 통증을 느꼈고, 우울한 기분이 계속되었다. 지속적인 우울감으로 학업을 지속할 수 없어서 대학교를 휴학했다. 무기력하고 피로하여 아무것도 할 수가 없었고 침대에 누워서 지내며 급격히 체중이 늘었다. 자신은 사랑받을 수 없는 존재라는 생각이 자꾸 떠올라 괴롭고 자신에 대한 무가치감을 느꼈다. 한 달 전에 자살충동을 느끼고 병원에서 약물치료를 받고 있다.

내담자와의 미술치료에서는...

　　내담자는 고무찰흙을 비닐에서 떼어 내어 조심스럽게 만졌다. 고무찰흙을 손으로 많이 주물러 주면 부드러워진다고 안내하여 고무찰흙을 많이 주물러 심리적 이완을 경험할 수 있도록 하였다. 처음에는 딱딱하고 손에 붙는 느낌이 불편하다고 하였으나 부드러워져 말랑말랑한 촉각자극을 즐기며 손바닥에 놓고 공처럼 만들어 보기도 하며 여러 가지 모양을 만들었다. 주물러서 부드러워진 고무찰흙을 작은 통에 둘러 감싸고 고무찰흙의 끝부분을 손가락으로 눌러 가며 모양을 만들었다.

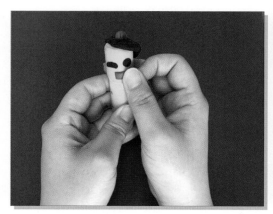

얼굴 부분 만들기

몸통 부분 만들기

내담자를 지켜 주는 수호신은 한복을 입은 한국 전통스타일이라고 하며 어린 시절 자신을 키워 주신 할머니가 자신을 지켜 주는 사람 같다고 하였다. 할머니께서 생신에 한복을 입은 모습이 너무 고우셨다고 하며 할머니에 대한 추억을 떠올렸다. 내담자는 수호신이 부드럽고 따뜻하게 자신을 지켜 줄 것 같다고 하였다. 최근 혼자 집에 있을 때면 자살 생각이 나는데 자살시도를 하지 않도록 자신을 지켜 주었으면 좋겠다고 하였다. 할머니를 생각하니까 죽고 싶다는 생각은 줄어드는 것 같다고 하며 할머니가 계신 시골에 잠시 다녀와야겠다고 하였다.

수호신은 시골에 혼자 계신 할머니에게도 필요할 것 같다고 하였고, 자신의 모습으로 수호신을 만들어 할머니께 드리고 싶다고 하였다. 자신이 다른 대상에게 수호신 역할을 할 수 있다는 것을 인식하면서 무가치감에서 벗어날 수 있는 실마리를 찾아가는 것으로 보인다.

수호신: 할머니

사례 2.

우울, 초등2, 남

내담자의 우울에 대하여...

　내담자는 대부분의 시간을 집에서 보내고 학교에 가기 싫다고 자주 말하였다. 2학년 1학기 때 코딱지를 먹는다고 반 아이들로부터 놀림을 받고 따돌림을 당한 뒤로 학교나 학원에서 또래 아이들이 말을 걸어도 대답하지 않고 피하려고 하였다. 2학년 2학기가 되면서 학교 가기 전에 화장실을 자주 가고 배가 아프다거나 머리가 아프다고 하였고, 학교에서는 종일 멍한 눈빛이거나 슬픈 표정을 짓곤 하였다. 부모가 통제할 수 없을 정도로 껌, 사탕, 과자를 많이 먹어서 살이 많이 쪘다. 학교에서 수업에도 집중하지 못하고 어머니가 공부를 시키면 짜증을 심하게 내는 일이 한 달 넘게 이어졌다. 어머니에게 갑작스럽게 화를 내면서 방문을 차서 문이 움푹 들어가는 일이 일어나는 등 과격한 행동을 보여 병원에서 심리검사를 하였고, 우울로 진단을 받아 치료를 시작하였다.

내담자와의 미술치료에서는...

　내담자의 수호신은 아빠 같은 모습일 것 같고 아빠가 세상에서 제일 좋고 집에서 가장 힘이 세다고 하였다. 내담자는 무기력하게 앉아서 고무찰흙을 주물렀다. 고무찰흙을 주무르는 느낌이 좋다고 하며 만지작거리다가 작은 통을 하나 골라서 아빠의 모습으로 수호신을 만들었다. 내담자는 비염이 있어서 학교에서 코를 많이 닦는데 아이들이 코딱지를 뗀다고 오해하고 놀려서 억울하고 학교에 가기 싫다고 하였다. 또 자신이 이야기하면 목소리가 안 들린다고 하며 모기라고 놀려서 자기도 모르게 그 아이를 때렸다가 선생님께 혼났다고 하였다. 아이들이 놀릴 때 수호신이 나타나서 무섭게 아이들을 혼내 주면 좋겠다고 하였다. 수호신이 자신을 학교에서 지켜 주면 좋겠고, 아무도 자신을 건드리지 않았으면 좋겠다고 하였다. 수호신이 함께 있으면 자신은 힘이 센 아이가 될 것 같다고 하며, "코딱지 뗀 거 아냐!" "놀리지마."라고 큰소리로 말할 수 있을 거 같다고 하였다. 학교에서 괴롭힘을 당하는 아이들에게 모두 수호신이 필요한데 자신의 반에 ○○도 따돌림을 당하기 때문에 아이들의 따돌림에서 지켜 주고 같이 놀아 줄 수호신을 만들어 주고 싶다고 하였다.

수호신: 슈퍼맨

| Tip

소근육 운동을 촉진하는 방법으로 유아용 고무줄을 활용하여 수호신을 만들 수 있다.
만드는 방법은 다음과 같다. 두꺼운 종이(4cm×6cm정도 크기)를 준비하고 팔과 다리
부분에 송곳으로 구멍을 뚫어 준다. 몸통 부분에 유아용 고무줄을 감아서 옷을 만든
다. 얼굴부분에 눈 모양을 붙이고, 팔과 다리 부분의 구멍에 철사를 끼워 팔, 다리를
만든다.

유아용 고무줄(컬러 머리끈 고무줄)

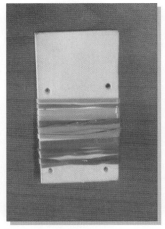

고무줄 끼우기

눈과 팔, 다리 붙이기

고무줄 수호신

고무줄 수호신 집단구성

마스코트

▌목표

1. 자신의 성격과 행동에서 긍정적 특성을 탐색할 수 있다.
2. 자신의 긍정적 특성을 상징적으로 표현하여 긍정적인 자아상을 강화할 수 있다.

▌준비물

EVA폼, 펀치, 유성매직, 가위

▌활동방법

1. 행운을 가져온다고 믿고 간직하는 물건이나 사람을 뜻하는 마스코트(mascot)에 대해 자신이 알고 있는 마스코트는 어떤 것들이 있으며, 어떤 의미를 지니는지 이야기 나눈다.
2. 자신의 성격, 행동에서 긍정적인 특성과 장점에 대해 살펴보고, 마스코트가 자신의 긍정적인 특성과 장점의 결정체라면 어떤 모습일지 상상한다(자신을 닮은 사물이나 동물을 생각해도 좋다).
3. 유성매직으로 EVA폼에 자신의 특징을 닮은 마스코트를 그리고 가위로 오린다.
4. 마스코트의 상징이 가지는 좋은 점을 찾아본다(예: 토끼로 마스코트를 만들었다면, 토끼의 좋은 점으로 귀가 커서 타인의 말을 더 잘 들을 수 있다, 털이 부드럽고 따뜻해서 다

른 사람들의 기분을 좋게 해 줄 수 있다 등).

5. 마스코트가 자신의 친구가 되어 늘 함께 있다면 무엇을 하고 싶은지, 마스코트와
   어떤 이야기를 하고 싶은지 생각한다.

6. 마스코트를 소개하고 싶은 사람은 누구인지, 그 이유는 무엇인지 이야기를 나눈다.

7. 활동 후 느낀 점에 대해서 이야기 나눈다.

사례 1. 사회불안, 중등1, 여

내담자의 사회불안에 대하여…

내담자는 평소 가깝게 지내는 친구들과 함께 있을 때도 내성적이고 수줍음이 많았다. 중학생이 되면서 내담자는 걱정이 많아지고 걱정 때문에 잠을 제대로 자지 못했다. 학교에서 친구들과 있었던 일을 계속 생각하며 자신이 무엇을 잘못했는지 혼자서 중얼거리는 일이 많았다. 내담자는 학교에서 발표하는 수업을 하게 되면 심장이 빨리 뛰고, 얼굴이 빨개졌다. 선생님이 내담자에게 발표를 시키면 몸이 떨리고 정신이 멍해져서 횡설수설하게 되고 말을 더듬었다. 다른 친구들이 그런 자신을 보고 이상하게 생각할까 봐 걱정을 많이 하였고, 친구들에게 항상 친절하게 대해야 한다고 생각했다. 발표를 많이 시키는 영어수업 시간에는 더욱 긴장을 많이 하였고, 배가 아프다고 하며 양호실에 가는 일이 잦았다. 수업 시간에 집중을 하기가 어렵고 쉽게 피곤해졌고 학년이 끝나가는 데도 내담자의 불안이 줄어들지 않고 계속되어 담임선생님의 권유로 치료를 시작하게 되었다.

내담자와의 미술치료에서는…

내담자는 자신의 장점이 잘 웃고, 엄마에게 화장하는 방법을 배워서 화장을 잘하고, 옷을 잘 입는 것이라고 하였다. 내담자는 꽃으로 마스코트를 만들고 싶다고 하며 꽃다발을 그렸다. 꽃다발은 예쁘고 향기가 나서 사람들을 즐겁게 한다고 했다. 꽃다발 속에는 여러 꽃이 있고 그래서 좋아하는 꽃이 달라도 꽃다발 속의 여러 종류의 꽃 중에 사람들이 좋아하는 꽃이 하나는 있을 거니까 자신의 마스코트는 모두에게 사랑받을 수 있다고 하였다. 꽃다발은 축하하고 칭찬할 만한 기쁜 일이 있을 때 받는 것이라서 기분이 좋다고 하였다.

마스코트와 하고 싶은 일은 집에 혼자 있을 때 이야기를 나누는 것이라고 하였다. 고민이 되는 일이 많이 있는데 엄마한테 말하면 걱정할 것 같고 친구한테 말하면 소문이 날 거 같아서 비밀스럽게 이야기할 수 있는 친구가 되어 주면 좋겠다고 하였다. 그리고 마스코트를 자신의 가방에 달고 다니면서 자랑하고 싶다고 하였다. 여자 아이들은 비밀이 많은데 이야기할 친구가 없는 아이에게 마스코트를 소개시켜 주고 싶고, 이야기를 들어 주는 마스코트가 있으면 마음이 편할 것 같다고 하였다. 활동 후 느낀 점을 이야기하며 자신이 발표를 할 때 더듬지 않고 떨지 않으면 친구들이 이상하게 생각하지 않을 것이고 발표를 잘해서 축하 꽃다발을 받으면 정말 좋겠다고 하였다.

마스코트: 꽃다발

사례 2.

우울, 중등2, 남

내담자의 우울에 대하여...

　내담자는 중학교 1학년 2학기 말부터 어머니가 말을 걸면 신경질을 내고 짜증스럽게 반응했다. 겨울방학에도 좋아하는 스키캠프를 가지 않고 방에만 있었다. "내가 왜 사는지 모르겠다." "하고 싶은 것이 아무것도 없다." "나를 좋아해 주는 사람이 한 사람도 없다."라는 말을 자주 했고, 뭘 해도 재미가 없고 잠을 잘 때만 힘든 기분을 느끼지 않는다고 하였다. 잠을 많이 자도 갈수록 피로감을 많이 느낀다고 하며 지나치게 많이 잤다. 2학년이 된 후 학교에서 친구들과 잦은 다툼으로 징계를 받았고 또래관계가 점점 나빠졌다. 수업 시간에 집중을 하지 못하여 선생님들에게 자주 지적을 받았고, 여자선생님에게 심하게 짜증을 부려 학교 보건선생님과 상담한 뒤 정신과 방문을 권고받았다. 어머니가 망설이는 동안 증상이 악화되었고, 일주일 동안 매일 1교시만 마치고 조퇴를 하였고, 그 후에는 4일간 등교를 거부하여 병원을 방문하였다. 우울진단으로 약물치료와 함께 미술치료를 시작하였다.

내담자와의 미술치료에서는...

　내담자는 자신에게 장점이 없다고 하며 한숨을 쉬었다. 내담자와 일상생활에 대해 이야기 나누면서 자신은 주사를 잘 맞고, 먹기 싫은 약을 잘 먹는다는 것을 찾았고, 치료실에 오는 것이 힘들지만 잘 온다고 하며 잘 참는 것이 자신의 장점이라고 하였다. 마스코트의 모습을 상상해 보도록 하자 블랙홀 같다고 하였다. 블랙홀은 강력한 중력으로 모든 것을 빨아들이고, 우주에서 해를 끼치는 쓰레기를 없애고, 운석, 행성 등을 없애는 능력이 있어 잘 참는 자신과 유사한 면이 있다고 하였다. 블랙홀의 좋은 점은 안 좋은 것을 없애서 주변사람들을 즐겁고 안전하게 해 주는 것이라고 하였다. 내담자가 블랙홀처럼 친구들이 어려워하는 수학문제를 풀이해 줘서 고민을 해결해 준 적이 있다고 하였다.

　마스코트와 해 보고 싶은 것은 '나를 싫어하는 친구와 더욱 친해지는 것, 내 친구에게 해를 끼치는 것을 없애는 것, 강한 친화력으로 친구들과 어울리는 것'이라고 하였다. 그리고 마스코트를 친구 없이 혼자 있는 친구에게 소개해 주고 싶고, 소개해 주면서 먼저 말을 걸게 되니까 자신이 친구랑 친해지는 연습도 해 볼 수 있겠다고 하였다. 활동 후 느낀 점을 이야기 나누며 자신이 잘 참고 조용한 편인데 중학교 2학년이 되면서 기다리거나 참는 것을 잃어버린 사람 같다는 생각이 든다고 하였다. 자신의 참는 장점을 되찾는다면 엄마가 우는 일도 없을 것이고 친구들과도 사이가 좋아질 것 같다고 하였다.

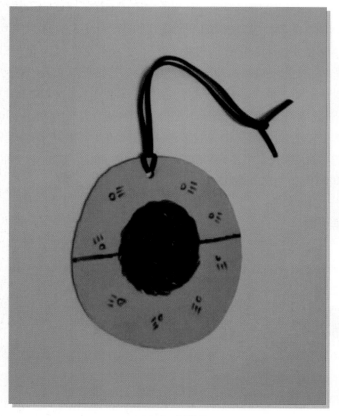

마스코트: 블랙홀

▌Tip

1. EVA(Ethtylene Vinyl Acetate)폼은 독립기포체로 유연성 내수성과 단열성이 강하며 충격흡수와 완충성이 뛰어나 매트나 고가의 산업용 자재로 주로 사용된다. 문구점에서 공작용 EVA폼을 구입할 수 있다.

2. 조각이 가능한 경우 스펀지를 가위와 칼로 잘라 마스코트를 만들 수 있다.

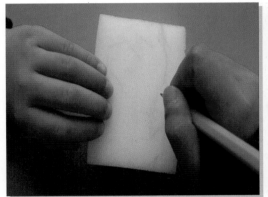
스펀지에 마스코트 그리기

가위로 자르기

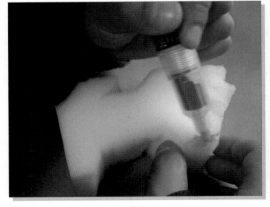
색칠하기

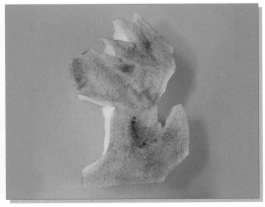
완성

2 부정적 정서 새롭게 보기

짚고 가기

우울, 불안장애를 가진 사람은 미래에 발생할지 모르는 다양한 위험에 대한 과도한 불안과 걱정으로 위축되고, 특정대상에 대한 두려움을 보인다. 그리고 다른 사람으로부터 분리되거나 평가받는 상황에 대한 과도한 불안과 공포로 인해 타인과의 상호작용을 회피하고 신체화 증상이 나타나는 경우가 많다. 우울이나 불안을 느끼는 상황이나 부정적인 감정을 표현하고 나면 그 감정의 이면에 있는 자신의 욕구를 발견할 수 있고, 그 욕구를 충족시키는 방법을 구체화시켜 나가며 치료의 과정을 거치게 된다. 우울, 불안장애는 자신이 가진 심리적 어려움을 표현할 수 있도록 하는 것이 중요한 치료 목표가 된다. 언어화되지 못하고 억압된 부정적 정서는 미술치료를 통해 보다 자연스럽게 표현될 수 있다.

부정적인 정서를 그림으로 표현한 후 지우는 활동을 통해 표출과 표현의 즐거움을 경험할 수 있다. 부정적 정서를 대상화하여 부수고 찢고 재구성하는 과정을 통해 정서적·심리적 갈등과 어려움을 해소할 수 있고, 부정적 정서가 뒤엉켜 의욕이 없고 무기력할 때 이러한 감정들을 여과하여 자신의 심리적 에너지를 회복하고 새로운 것을 만들어 내는 경험을 할 수 있다.

1 지우고 다시 그리기

▍목표
1. 부정적인 정서를 안전하게 표현할 수 있다.
2. 부정적인 정서를 지우고 긍정적인 정서로 대체시킬 수 있다.

▍준비물
유리창, 물파스, 화장지, 유성매직

▍활동방법
1. 걱정이나 화, 짜증 등의 부정적인 정서를 느끼는 상황이나 사람을 떠올린다.
2. 지우고 싶은 부정적인 정서를 유리창에 유성매직으로 그린다.
3. 유리창에 그린 그림에 대해서 이야기 나눈다.
4. 부정적인 정서를 나타낸 그림을 물파스로 문질러서 지우고 화장지로 닦는다.
5. 유리창이 깨끗하게 지워지는 느낌에 대해서 이야기 나눈다.
6. 유리창이 깨끗하게 지워지듯이 부정적인 정서가 깨끗하게 지워진다면 어떤 느낌일 것 같은지, 어떻게 행동할 것 같은지 생각한다.
7. 깨끗하게 지워진 유리창에 유성매직으로 자신이 원하는 새로운 상황을 그린다.
8. 활동 후 느낀 점에 대해서 이야기 나눈다.

사례 1.

불안, 초등6, 남

내담자의 불안에 대하여...

　내담자는 유치원 때 아이스크림을 많이 먹어서 배탈이 났었던 일이나 초등학교 1학년 때 엄마에게 뛰어가다가 넘어졌던 일 등 예전에 있었던 일들이 평소에도 불쑥불쑥 다시 생각났다. 그럴 때마다 엄마에게 그때 그러지 말았어야 했다고 말하며 다시 배탈이 나거나 넘어지면 어떻게 하냐는 등 걱정을 자주 이야기했다. 내담자는 초등학교 6학년이 되면서 중학생이 되는 것에 대해 과도한 걱정과 불안을 호소하였다. "중학교에 가서 형들이 돈을 달라고 하면 너무 무서울 것 같다." "중학교 공부가 너무 어려워 자신은 낙오자가 될지도 모른다."고 반복해서 말하였다. 걱정을 하기 시작하면 멈출 수가 없었고 심한 두통을 느꼈다. 밤에도 자려고 하면 걱정이 떠오른다고 하였다. 잠을 제대로 자지 못하여 늘 잠이 부족했고, 집에서 무표정하게 앉아 있는 모습을 어머니가 자주 보게 되었다. 학교에서는 쉽게 피곤해져서 수업에 집중하기가 어려웠고, 책상에 엎드려 있는 일이 많았다. 담임선생님으로부터 수업에 집중하지 않고 다른 생각을 하고 있다는 지적을 많이 받았다. 여름방학이 시작될 무렵 담임선생님의 권유로 병원을 방문하고 치료를 시작하였다.

내담자와의 미술치료에서는...

　내담자는 걱정을 하는 것 때문에 머리가 아프고 잠을 자려고 누웠다가도 또다시 걱정이 되며 계속 그 생각에 빠져서 헤어 나올 수가 없다고 하였다. 내담자는 아무 때나 걱정을 하게 되고 그 걱정을 멈출 수가 없는 것을 불을 뿜어 내는 용으로 표현하였다. 용의 걱정은 끝이 없어서 잠을 자지도 않고 하루 종일 걱정을 한다고 하였다. 그리고 학교에서 멍하게 있어서 망치로 맞는 모습을 그렸다. 내담자는 자신의 걱정을 무기로 표현하였고, 이 무기가 자신을 힘들게 한다고 하였다. 자신의 걱정을 그림으로 표현을 하고 보니 생각보다 걱정이 많지 않은 것 같다고 하였다. 내담자가 걱정이 많다고 느꼈던 이유를 물어보자 치료사에게 자신이 걱정을 반복해서 그런 것이냐고 되물었고, 자신이 같은 생각을 많이 하는 것 같다고 하였다.

부정적인 정서 그리기

내담자는 그림을 지우면서 물파스 냄새가 지독하다고 하였고, 걱정이 병균 같은 것이라면 지독한 냄새 때문에 다 죽었을 거라고 하였다. 내담자는 자신이 잘 못할까 봐 걱정을 많이 하는데 그림이 쉽게 지워지니까 마음이 편하다고 하였다.

물파스로 부정적인 정서 지우기

  부정적인 정서가 없어진다면, 새로운 마음을 가지고 앞으로 내담자가 어떤 행동을 할 것인지 물어보자 머리가 아프지 않으면 집중을 잘해서 공부를 잘하게 될 것이고, 부모님이 자랑스러워하실 거라고 하였다. 걱정이 없어지면 머리가 아프지 않아서 천국처럼 구름 위에 있는 것 같은 느낌일 것 같다고 하였다. 날개를 단 자신의 모습을 그린 후, 자신이 날아간다고 하였고 기분이 좋을 것이라고 하며 보석과 해를 그렸다.

새로운 그림 그리기

사례 2. 우울, 고등2, 여

내담자의 우울에 대하여...

　내담자는 고등학교 입학 이후 대학 진학에 대한 걱정 때문에 지속적으로 우울감을 호소하였다. 2학년이 되면서 교실에 앉아서 혼자 우는 일이 많아졌다. 처음에는 멍하게 앉아 울고 있는 내담자를 보고 친구들이 다가와서 무슨 일이냐고 물었지만 신경질을 내면서 상관하지 말라고 하여 이제는 친구들도 가까이 가려고 하지 않았다. 학업이나 또래 관계에 흥미를 느끼지 못하고 고립되어 있었다. 지나치게 예민해져서 가족에게 짜증을 많이 부렸다. 피로감을 느끼고 늘 처져 있어서 집과 학교에서 대부분의 시간에 잠을 잤다. 내담자의 어머니는 집에서 잠만 자고 공부도 하지 않고 집안일을 돕지도 않는다고 자주 비난을 하였다. 내담자는 "모든 게 힘들고 미쳐 버릴 것 같다."라고 자주 말하였다. 학교에서 실시한 심리검사에서 우울점수가 높게 나타났고, 자살 생각을 한다고 보고하여 학교 상담선생님과 면담을 한 후 지속적인 심리치료를 권유받았다.

내담자와의 미술치료에서는...

　내담자가 지우고 싶은 부정적인 정서를 느끼는 상황으로 유리창의 가장 위에 그린 것은 고등학교 1학년 때 친구들이 내담자의 집에 찾아와서 허락 없이 냉장고를 열어서 먹을 것이 많다고 하면서 음식을 먹은 일이었다. 친구들이 너무 예의 없는 것 같았지만 이 친구들이 안 놀아 주면 자신은 혼자가 될 것 같아서 아무 말도 하지 못했고 너무 속상했다고 하였다. 그리고 유리창의 중간에는 친구들이 자신에게 "이쁘지도 않은데 이쁜 척을 한다."라고 말하면서 다른 아이들과 수군거렸을 때 화가 났던 것을 그렸다. 또 아래에는 가정에서 부정적인 정서를 느끼는 상황으로 아빠가 자신을 보면서 한숨을 쉴 때를 표현하였는데 너무 속상하고 자신이 작아지는 것 같은 느낌이 들었다고 하였다. 남동생은 공부도 잘하고 전교회장을 하고 있는데 엄마가 남동생 학교 모임에 가서 누나인 자신의 이야기를 하기가 창피하다고 잔소리를 할 때 남동생과 비교하는 엄마가 원망스럽다고 하였다. 아빠가 장손이라서 집안에서 아들을 많이 기다렸는데 여자인 자신이 태어나서 가족들이 실망을 많이 했고, 아들을 낳으라고 할머니가 말씀을 많이 하셨던 것을 들었다고 하였다. 자라면서 남동생은 늘 보살핌을 받고 기대를 많이 하는데 자신은 관심을 못 받는 것 같았고, 가족들 앞에서는 소심해져서 말을 잘 하지 못한다고 하였다. 자신도 남자가 되고 싶다는 생각을 많이 했고 남동생보다 더 잘하고 싶었으나 잘 되지 않았다고 하였다.

부정적인 정서 그리기

　내담자는 물파스로 그림을 지우면서 눈물을 흘리는 것 같다고 하였다. 슬프고 속상한 기억이 날 때 침대에서 울고 나면 그다음엔 기분이 조금 좋아지는 것 같은데 그림을 그리고 물파스로 지우는 것도 비슷한 것 같다고 하였다. 치료사가 옆에서 이야기를 들어 주니까 마음이 편해지는 것 같고 혼자 우는 것보다는 좋다고 하면서 계속 이야기를 하고 싶다고 하였다. 내담자는 부정적 정서가 깨끗하게 지워진다면 울지 않고 다른 사람에게 웃으면서 이야기를 할 수 있을 것 같다고 하였다.

물파스로 부정적인 정서 지우기

깨끗하게 지워진 유리창에 내담자가 새롭게 그린 그림은 친구들과 어울려 있는 모습과 아빠가 자신을 보며 웃는 모습이다. 내담자는 가족과 친구에게 관심을 많이 받고 싶어하는 자신의 마음이 잘 표현된 것 같다고 하였다.

새로운 그림 그리기

▌Tip

창문 밖의 배경이 어둡거나 그린 그림이 잘 보이지 않을 경우 창문 뒷면에 흰 종이를 붙여 놓고 그림을 그리면 좀 더 선명하게 그림을 볼 수 있다.

2 부수고 다시 만들기

▌목표

1. 부정적인 정서를 안전하게 표현할 수 있다.
2. 부정적인 정서를 표현한 작품을 부수는 작업을 통해 부정적 정서를 재조명할 수 있다.

▌준비물

석고 가루, 물, 그릇, 지퍼백 또는 상자, 고무망치, 색도화지, 유성매직

▌활동방법

1. 걱정이나 화, 짜증 등 자신을 힘들게 하는 부정적인 정서가 형태를 가지고 있거나 형상이 있는 괴물이라면 어떤 모습일지 상상한다.
2. 석고 가루와 물을 2대 1로 섞은 후, 색도화지 위에 부어서 손이나 도구를 이용하여 자신을 힘들게 하는 석고 괴물을 만든다.
3. 석고 괴물이 자신을 어떻게 힘들게 하는지, 석고 괴물을 어떻게 하면 좋을지 생각한다.
4. 석고 괴물이 적당히 굳으면 고무망치로 두드려 부순다. 석고를 지퍼백에 넣거나 상자 안에 넣어서 고무망치로 두드리면 가루가 튀는 것을 방지할 수 있다.

5. 석고 괴물을 고무망치로 두드려 부술 때의 느낌과 석고 괴물이 부서진 모습을 볼 때의 느낌을 이야기 나눈다.

6. 부서진 석고 괴물의 조각이나 가루를 사용하여 원하는 것을 그리거나 만든다.

7. 활동 후 느낀 점에 대해서 이야기 나눈다.

⭐ **이렇게도 할 수 있어요**

'활동방법 4'에서 지퍼백 안에 석고 괴물을 넣어 부순 후, '활동방법 6'에서 지퍼백 안에 석고 괴물의 조각이나 가루를 둔 채로 지퍼백 위에 유성매직으로 자신이 원하는 모습을 그린다.

사례 1. 우울, 22세, 남

내담자의 우울에 대하여...

내담자는 고등학교 1학년 때부터 우울로 인해 병원에서 약물치료를 받고 있는데 약물부작용으로 집중을 하지 못하고 산만하다고 하였다. 내담자는 내담자의 어머니가 우울증이 있고, 외삼촌이 우울로 자살을 했기 때문에 자신도 언젠가 자살을 하게 될 것이라는 생각에 불안해했다. 대학을 휴학하고 입대 준비를 하고 있으나 군대가 너무 힘든 곳일 것 같아 입대 걱정을 하고 방송에서 군대의 총기사고에 대한 기사를 보고 자신이 총기 자살을 하게 될지도 모르겠다는 생각을 했다. 병원이나 치료실을 방문하는 일 외에는 매일 집에만 있고, 활력 없이 무기력하게 지냈다. 아무것도 할 수 없는 자신이 무가치하게 느껴졌다.

내담자와의 미술치료에서는...

내담자는 걱정이나 화, 짜증 등 자신을 힘들게 하는 부정적인 정서가 형태를 가진 괴물이라면 어떤 모습일지 상상해 보도록 하자 "몰라요. 그냥 괴물……"이라고 말하며 잠을 제대로 자지 못하고 지치고 피곤하여 아무것도 할 수 없을 것 같다고 하였다. 그러나 석고와 물을 섞은 후 손쉽게 괴물이 만들어지는 과정을 경험하며 언어표현이 눈에 띄게 증가하였다. 자신을 힘들게 하는 괴물은 쉬고 있을 때는 너무 처져서 아무것도 하고 싶지 않고 아무 일도 일어나지 않는 것 같은 휴화산인데 화를 내면 폭발력이 너무 강해서 주변 사람들이 깜짝 놀라게 될 것이라고 하며 뾰족한 화산이라고 하였다.

석고 괴물 만들기: 화산

석고 괴물 부수기

석고 괴물을 부수도록 하자 화산의 분화구부터 막아서 박살을 내 주고 싶고, 화산이 바다로 가라앉아서 더 이상 활동을 못하게 되면 좋겠다고 하였다. 화산을 상자 안에 넣어 고무망치로 두드려 부수면서 화산이 깨지고 상자 안에서 부스러기가 튀는 것이 통쾌하고 스트레스가 풀리는 것 같다고 하였다. 다 부서진 가루를 보니 허무하고 힘이 없어 보인다고 하였다.

원하는 것 만들기: 고래

내담자는 부서진 석고 괴물의 조각과 가루를 사용하여 화산이 가라앉은 깊은 바다에서 태어난 고래를 만들었다. 이 고래는 한곳에 잡혀 있지 않고 바다를 마음껏 헤엄쳐 다니면서 자유롭게 살면 좋겠다고 하였다.

내담자는 처음에는 피곤해서 아무것도 할 수 없을 것 같다고 했지만 손쉬운 재료를 사용하여 자신의 화를 품고 있는 화산을 만들고 부수는 표현을 해 보면서 자신은 무언가를 할 수 있는 강력한 폭발력을 가지고 있다는 것을 알게 되었다고 하였다. 그리고 힘들게 하는 괴물을 자유로운 고래로 만들어 주니 대단한 사람이 된 것 같은 느낌도 조금 든다고 하였다. "이런 게 생각의 전환인가……"라고 하며 자신에 대해 조금 긍정적인 느낌이라고 하였다.

사례 2.

내담자의 사회불안에 대하여...

　내담자가 3학년 때 부모님이 이혼을 하여 어머니와 함께 살고 있고 그 후 아버지와는 연락을 하지 않았다. 부모님과 함께 살 당시 아버지가 어머니를 폭행하는 모습을 보고 내담자가 울었는데 다른 사람에게 절대로 말하면 안 된다고 아버지가 무섭게 말하였다. 이혼 후 어머니는 내담자를 잘 키워야겠다는 생각에 작은 실수도 용납하지 못하고 야단을 많이 쳤다. 내담자는 4학년이 되어 안절부절못하고 과민한 반응이 점점 심해져서 집중을 하지 못하였다. 잠들기가 어렵고 잠을 자더라도 작은 소리나 뒤척임에도 깨고, 잠자는 중에 들었던 말들을 기억할 정도로 깊은 수면에 들지 못하였다. 내담자는 자신의 생각이나 감정을 잘 표현하지 않으며 대화하는 상황을 피했다. 선생님이나 다른 어른이 질문을 하면 어깨가 굳어지고 숨을 몰아쉬며 말을 잘하지 못했고 또래 아이들과 이야기를 할 때도 긴장하여 말을 더듬거나 눈을 심하게 찡긋거렸다. 그리고 '어머니가 실망하면 안 되는데, 아이들이 나를 이상하게 생각하면 안 되는데'라는 걱정을 많이 하였다. 4학년 말이 되고 학업성적을 유지하는 데 어려움을 느끼는 것 같아 어머니가 치료를 의뢰하였다.

내담자와의 미술치료에서는...

　내담자는 자신을 힘들게 하는 것이 괴물이라면 뿔이 달린 도깨비 같을 것이라고 하였다. 석고와 물을 섞어 손으로 문지르며 도깨비는 자신이 말을 더듬게 만들어서 친구들에게 놀림 받게 하고, 준비물을 계속 챙기는데도 자꾸 잃어버리게 해서 선생님한테 야단을 맞게 한다고 하였다.

 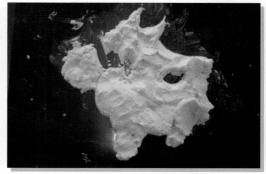

석고 괴물 만들기: 도깨비

내담자는 도깨비 괴물을 지퍼백에 담으며 감옥에 갇히는 것이라고 하였다. 그리고 도깨비 괴물이 없어졌으면 좋겠다고 하며 망치로 두드렸고, 부서져서 가루가 되는 것을 보니 기분이 좋다고 하였다. 내담자는 지퍼백 안의 도깨비 괴물을 망치로 두드리고 손으로 눌러 평평하게 만들었다.

석고 괴물 부수기

내담자는 평평해진 석고 위에 유성 매직으로 괴물이 사라져서 웃고 있는 자신의 모습을 그리고 뒷면에는 학교에서 친구와 같이 놀고 있는 모습을 그렸다. 학교에서 친구들과 친하게 지내게 되면 학교에 가도 기분이 좋을 것 같다고 하였다. 도깨비 괴물이 다시 나타나면 망치로 또 부수어서 친구와 함께 노는 모습을 그려야겠다고 하였다.

원하는 것 그리기 1: 웃는 얼굴

원하는 것 그리기 2: 친구와 놀고 있는 모습

3 거르고 다시 변화하기

▌목표
1. 부정적인 정서를 안전하게 표현할 수 있다.
2. 부정적인 정서를 여과하여 원하는 결과를 채우면서 새로운 의미를 부여할 수 있다.

▌준비물
김, 여과지, 여러 가지 모양틀, 종이 그릇, 투명 플라스틱 컵, 물, 나무젓가락, 원도 마커, 가위, 송곳

▌활동방법
1. 걱정이나 화, 짜증 등이 나는 상황을 생각해 보고, 그때 자신의 부정적인 정서를 원도 마커를 사용하여 김 위에 그림으로 표현한다.
2. 부정적인 정서가 표현된 김을 손으로 잘게 찢는다.
3. 투명 플라스틱 컵에 잘게 찢은 김을 넣고 김이 충분히 잠길 정도의 물을 부은 후 나무젓가락으로 저어서 김을 푼다.
4. 종이 그릇의 바닥면에 송곳으로 구멍을 뚫고 종이 그릇 높이가 1cm 정도 되도록 남기고 잘라 낸다.
5. 여러 가지 모양틀 중에 자신이 원하는 모양틀을 선택한다.

6. 투명 플라스틱 컵에 구멍을 낸 종이 그릇을 올려놓고 그 위에 여과지와 모양틀을 놓는다.

7. 모양틀 안에 녹인 김을 천천히 부으면서 김이 걸러져서 깨끗한 물이 투명 플라스틱 컵에 모이는 모습과 자신이 원하는 모양으로 걸러진 김을 관찰한다.

8. 자신의 부정적인 정서를 여과시킨다면 어떤 정서를 많이 느끼고 싶은지 생각해 보고, 그 정서를 느끼려면 어떻게 해야 하는지 이야기 나눈다.

9. 활동 후 느낀 점에 대해서 이야기 나눈다.

사례 1.

우울, 초등4, 남

내담자의 우울에 대하여...

내담자는 4학년이 되고 2개월 동안 학교에서 수업시간에 멍하니 있고, 모든 일에 자신 없어하며 시험에 대해 지나치게 걱정을 하고 있다고 담임선생님에게 연락이 왔다. 내담자의 어머니는 새 직장에 다니기 시작하여 담임선생님과 면담을 미루게 되었고, 내담자가 혼자 집에 있는 시간이 많았다. 내담자는 평소 좋아하던 수영을 가지도 않고 집에서 TV만 보았다. 아무도 제재하는 사람이 없어 지나치게 폭식을 하였고 체중이 갑자기 늘었다. 행동이 너무 느려지고 어머니가 야단을 쳐도 소용이 없었다. 일기장에 '너무 힘들다. 죽고 싶다.'는 글을 어머니가 보게 되었고 병원에 데리고 가서 우울진단을 받고 미술치료를 시작하였다.

내담자와의 미술치료에서는...

내담자는 '동생에게 컴퓨터를 그만하라고 하는데 말을 듣지 않을 때 화가 나고 짜증이 난다, TV를 보지 말라고 하면 짜증이 난다, 하루 종일 잠이 오는데 자지 말라고 하면 화가 난다, 아무 말을 하지 않았을 뿐인데 모둠 친구들이 자기 마음대로 정해 놓고 나한테 이것저것 시킬 때 정말 하기 싫다, 시험을 못칠까봐 너무 걱정이다, 죽고 싶다.'는 마음을 표현한 것이라고 하였다.

김에 부정적 정서 그리기

찢은 김을 물에 녹이기

종이 그릇에 구멍 뚫기

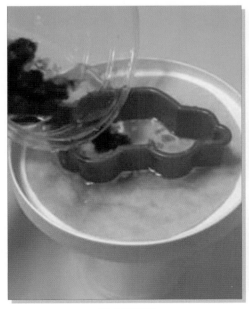

김 여과하기

김이 걸러진 깨끗한 물 관찰하기

　　내담자는 모양틀을 한참 동안 바라보다가 자동차 모양틀을 선택하였고, 자동차를 좋아한다고 하였다. 그리고 선택하는 것은 어려운 일이지만 자신의 마음대로 선택할 수 있어서 기분이 좋고 치료사가 엄마처럼 빨리하라고 하지 않아서 좋다고 하였다.

　　내담자는 김을 여과한 후에 김이 풀어진 물이 걸러져 깨끗해진 것이 신기하고 과학실험을 하는 것 같다고 하였다. 짜증과 화가 모두 걸러지면 어떤 감정을 많이 느끼고 싶은지 생각해 보도록 하였으나 내담자는 감정에 대해 잘 찾지 못하고 어려워하였고, 치료사가 감정 단어들을 이야기해 주자 그중에 즐거움과 신남이라고 하였다. 내담자는 즐겁고 신나는 감정을 많이 느끼려면 동생이 자기 말을 잘 듣게 해야 하는데 말을 해 봐야 소용이 없어서 엄마한테 말하면 좀 통하기는 하지만 매일 엄마에게 이를 수도 없는 일이라고 하였다. 동생이 자신보다 체격이 좋은데 아직은 싸우면 자신이 이긴다고 하면서 동생이 말을 잘 듣게 하려면 자신이 밥을 많이 먹고 덩치가 더 커지면 될 것 같다고 하였다. 친구들한테는 말할 때 마이크를 잡고 말하면 자신의 목소리가 제일 커서 잘 들릴 것 같아 신날 것 같다고 하며 실제로는 그럴 수가 없으니까 목소리를 키워 보겠다고 하였다.

원하는 모양으로 걸러진 김: 자동차

사례 2.

내담자의 우울에 대하여...

내담자는 유치원 때는 선생님 말씀을 잘 듣고 유치원 생활을 무리 없이 했었다. 초등학교에 들어가면서 1학년 담임선생님이 내담자를 조용하고 소심한 편이라고 하였고, 집에서도 말수가 많이 줄어들었다. 초등학교 2학년이 되면서 학교 공부를 어려워하고 모든 일에 자신 없어 하며 "못 하겠다."는 말을 반복했다. 선생님이 발표를 시키면 아무 말 없이 울어 버렸고 또래 아이들이 말만 하면 운다고 놀려서 내담자는 아이들과 함께하는 활동에 참여하지 않고 혼자 있으려고 하였으며 학교에서 항상 긴장되어 있었다. 내담자는 "유치원 때가 좋았고 그때로 돌아가고 싶고 사는 게 너무 힘들어요." "할 일이 너무 많아서 엄마 나이만큼 살지 못할 것 같아요."라고 말하여 어머니가 병원에 데리고 갔고 우울진단을 받았다.

내담자와의 미술치료에서는...

내담자는 걱정이나 화, 짜증 등이 나는 상황에 대해 작은 김을 선택하여 그림을 그리기 시작하더니 한 장씩 더 달라고 하여 모두 4장을 그렸다.

자신이 못하겠다고 하는데도 선생님이 자꾸 발표를 시켰다고 하며 그때 속상한 것을 말하지 못해서 마음속에 욕이 가득 들어 있는 모습이라고 하였다.

화가 나는데 어떻게 해야 할지 몰라서 머릿속에서 천둥이 친다고 하였다.

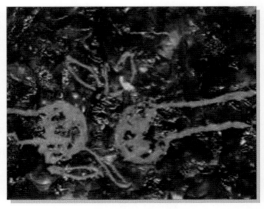

머리가 너무 아플 때는 머리를 톱으로 잘라 내고
싶어서 톱을 그렸다고 하였다.

누구하고 싸우는지 모르겠지만 화가 나서 싸우고
싶은 느낌을 그린 것이라고 하였다.

    내담자는 부정적인 정서를 그린 김을 한 장 한 장 조심스럽게 찢었다. 김을 물에 섞어 녹이면서 하수구 물같이 더러워 보인다고 하며 인상을 찌푸렸다. 그리고 화가 나면 기분이 더럽고 욕을 아주 많이 하고 싶은데 물에 섞인 김이 화가 난 자신의 마음 같다고 하였다. 내담자는 곰돌이를 좋아한다고 하며 곰돌이 모양의 틀을 선택하여 조심스럽게 김을 걸렀다. 여과지에 김을 거르고 난 후 화가 사라진 것 같고, 물이 깨끗해지니까 기분이 좋다고 하였다.

찢은 김

김을 물에 녹이기

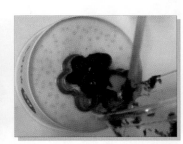

김 여과하기

내담자는 곰돌이 모양으로 걸러진 김을 보면서 화가 나는데 어떻게 해야 할지 모를 때 눈물이 나는데 곰인형을 안고 있으면 편안할 것 같다고 하였다. 자신의 마음에서 화가 걸러지고 나면 편안하고 따뜻한 느낌을 많이 느끼고 싶다고 하였고, 엄마에게 안아 달라고 해서 엄마가 안아 주면 그 느낌을 느낄 수 있을 것 같다고 하였다.

원하는 모양으로 걸러진 김: 곰돌이

❙ Tip

1. 여과지 대신 실리콘채반이나 찜시트를 사용하여도 좋다.

2. 모양틀에 김이 든 물을 부을 때 갑자기 많이 부으면 여과지가 뜨거나 물이 넘쳐 흐를 수 있으므로 천천히 부을 수 있도록 한다.

3 심리적 배변

짚고 가기

　심리적 배변은 내면의 정서적·심리적 어려움들을 배변활동과 같이 외부로 표현하여 배출하는 것을 의미한다. 해결되지 않은 정서경험이 표현되거나 배설되지 않고 남아 있을 경우 우울, 불안 등의 심리적 어려움이 나타날 수 있다. 화장실은 섭취한 음식이 소화, 흡수되고 필요 없는 부분을 배설하는 은밀하고 개인적인 공간이고, 변기는 인체에 소화 흡수되고 남은 배설물을 배설하는 배변을 상징하는 기구다.

　배변훈련을 처음 할 때와 마찬가지로 우울과 불안으로 정서적 어려움을 겪는 내담자에게 정서적·심리적 어려움을 표현하는 일은 낯설고 불안한 일이므로 일상생활에 익숙하면서 상징적 의미를 지니는 변기를 단계적으로 활용하여 심리적 배출의 표현을 도울 수 있다. 촉감을 자극하는 매체를 이용하여 변을 만들고 배변에 대해 탐색하는 것은 심리적 퇴행을 촉진하여 치료를 도울 수 있다.

마음의 변

▌목표

1. 배출하고 싶은 심리적 어려움을 구체적으로 인식할 수 있다.
2. 심리적인 어려움이 해소되고 난 후에 변화된 자신의 모습을 예측할 수 있다.

▌준비물

초콜릿 파이, 라이스페이퍼, 유성매직

▌활동방법

1. 봉지에 담긴 초콜릿 파이를 주무르며 통제력이 낮은 무른 매체가 주는 심리적 이
   완을 경험한다.
2. 변과 변비가 무엇인지, 변비가 생기면 우리 몸에 어떤 일이 일어나는지 탐색한다(추
   상적 사고가 가능한 아동의 경우 마음에 변비가 생긴다는 것이 어떤 의미인지 이야기 나눈
   다).
3. 주무른 초콜릿 파이를 꺼내어 변모양을 만든다.
4. 음식물 찌꺼기가 변으로 배출되듯이 자신의 마음을 힘들게 해서 배출시키고 싶은
   대상, 사건, 상황, 기억 등을 생각해 보고 유성매직으로 라이스페이퍼에 그린다.
5. 라이스페이퍼에 물을 묻히고 초콜릿 파이로 만든 변모양을 싸서 변기에 넣고 물을
   내린다.
6. 자신을 힘들게 하는 감정이나 생각이 실제로 변처럼 배출되고 없어진다면 자신이
   어떻게 변화될 수 있을지 예측한다.

사례 1.

우울, 초등3, 남

내담자의 우울에 대하여...

　　내담자의 어머니는 임신 중에 배우자의 외도 사실을 알게 되었고, 그 후 심한 우울을 겪고 있었다. 내담자는 어릴 때부터 예민하고 잘 울어서 돌보기가 힘들었다고 하였다. 유치원에서는 신경질적이고 잘 울어서 따돌림을 많이 당했고 반을 바꾸는 일도 있었다. 초등학교에 들어가면서 또래관계는 더욱 어려워졌고, 아이들에게 욕을 하거나 때려서 야단을 맞는 일이 잦았다. 내담자는 어머니가 이혼을 하면서 전학을 가게 되었다. 처음 한 달 동안은 학교를 갔다가 머리가 아프다고 하여 조퇴를 하고 돌아오는 일이 많았고, 일주일에 두세 번을 머리가 아프거나 배탈이 나서 학교를 가지 않았다. 학교에서 가만히 앉아 있다가 우는 일이 많았고 또래와 어울리지 못하여 담임선생님이 내담자의 도우미를 만들어 급식시간과 특별활동 시간에 같이 다니도록 해서 교내에서 이동은 하고 있지만 멍하니 앉아 있을 때가 많았다. 내담자는 학교에 가고 싶지 않다고 하였고 내담자가 '죽고 싶다.'고 쓴 낙서가 학교 책상에서 여러 개 발견되었다. 담임선생님이 내담자의 어머니에게 보고하여 어머니가 내담자를 병원으로 데리고 갔고 우울 진단을 받았다.

내담자와의 미술치료에서는...

　　내담자는 초콜릿 파이를 오래 주무르며 편안한 표정을 지었고, 느낌이 좋다고 말하였다. 변비가 생기면 막혀서 안 나오는 것이니까 말을 못하고 우는 것이 마음에 변비가 생긴 것과 비슷하다고 이야기를 나누었다.

초콜릿 파이 주무르기

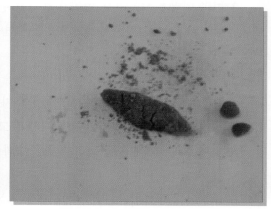

변 모양 만들기

내담자는 자신을 힘들게 하는 것에 대해 이야기하며 학교에 가고 싶지 않다고 하였다. 학교에서 내 주는 숙제가 너무 어렵고 혼자 할 수가 없는데 어머니는 야단만 친다고 하였다. 어머니도 아이들도 자신을 좋아하지 않는다고 하며 눈물을 흘렸다. 유치원 때 아이들이 놀이터 미끄럼틀에서 비키라고 밀쳐서 떨어졌다고 하며 그 기억을 배출하고 싶다고 하였다. 학교에서 아이들이 자신에게 심하게 욕을 해서 자신도 같이 한 것이고, 아이들이 시비를 먼저 걸어서 자신이 때린 것인데 늘 잘못은 자신에게 돌아온다고 하였다. 그때 느낀 감정을 탐색해 보도록 하자 억울하다고 하였고, 내담자의 억울함을 다른 사람에게 이야기를 해 본 적이 있는지 물어보자 어머니에게는 자신의 이야기를 할 수가 없다고 하였다. 외할머니가 어머니는 우울증이 있기 때문에 힘들게 하면 안 된다고 했다며 "엄마는 나 때문에 우울해요."라고 하였다. 내담자 자신이 나쁜 아이라는 생각이 든다고 하였다. 어머니가 우울한 것은 내담자 때문이 아니고 내담자는 소중한 아이라고 이야기를 나누었다.

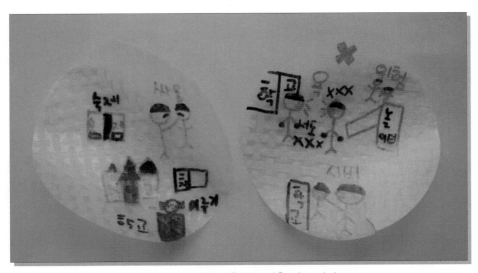

라이스페이퍼에 배출하고 싶은 것 그리기

초콜릿 파이로 만든 변이 내담자가 느끼는 나쁜 아이라는 생각과 억울함, 말할 사람이 없어서 힘들었던 것이라고 생각해 보자고 하며 물을 적신 라이스페이퍼에 싸서 변기에 내렸다. 내담자를 힘들게 하는 것들이 배출되고 나면 변기에 내려가는 물소리처럼 시원할 것 같다고 하였고, 치료사에게 이야기를 하고 나서 기분이 조금 좋은 것 같다고 하였다. 내담자는 힘들게 하는 것이 배출되고 나면 지금보다 말을 더 많이 하게 될 것 같다고 하였다.

사례 2.

시험불안, 중등1, 여

내담자의 시험불안에 대하여...

  내담자는 외동딸이고 어머니가 잘 키우고 싶어서 아이를 한 명만 낳았다고 하였다. 어머니는 내담자의 학업 계획을 꼼꼼하게 세워서 학원에 보내고 과외를 시켰으나 만족스러운 결과를 얻지는 못했다고 하였다. 내담자는 '엄마 없이는 아무것도 할 수가 없다.'고 하면서도 '엄마는 다 맞아야지 잘한다고 하는데 나는 잘하는 것이 하나도 없어요.' 라는 말을 자주 했다. 내담자는 초등학교 때부터 시험을 치면 소화가 잘되지 않고 토하는 일이 많았다. 중학생이 된 이후에는 시험 일주일 전부터 조금씩 소화가 되지 않고 배가 아팠고, 음식을 제대로 먹지 못해서 병원에서 수액을 맞는 날이 많았다. 시험 당일에는 견딜 수 없이 배가 아프고 몸이 떨려서 교실에 앉아 있기가 힘들었다. 병원에서는 신체적으로 특별한 이상은 없다고 했고, 시험기간이 끝나면 아프지 않았다. 내담자는 소화가 되지 않고 배가 아픈 증상이 계속되었고 시험을 못쳐서 어머니를 실망시키게 될까 봐 걱정을 하였다. 1학년 2학기 중간고사 기간까지 시험기간마다 같은 증상이 반복되어 치료를 시작하였다.

내담자와의 미술치료에서는...

  내담자는 초콜릿 파이를 주물러 보니까 부드럽고 어릴 때 엄마가 자신의 아픈 배를 따뜻하게 만져 주는 기분과 비슷한데 달콤한 냄새가 나서 더 기분이 좋아진다고 하였다. 내담자는 자신이 시험 때마다 소화가 잘 되지 않고 음식을 잘 먹지 못해서 힘들다고 하였고, 어머니는 자신의 마음이 문제라고 하는데 답답하고 꽉 막힌 것 같은 기분이 든다고 하였다. 자신의 마음이 변비에 걸린 것 같다고 하였다.

초콜릿 파이 주무르기

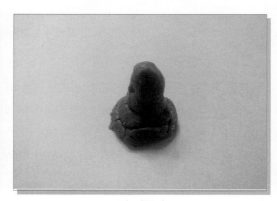
변 만들기

　내담자는 배출시키고 싶은 것을 라이스페이퍼에 그리며 이야기를 이어 나갔다. 내담자는 매번 시험 기간이 다가오면 소화가 잘 안되고 병원에 가게 되는데 학교가 없어지면 아프지 않을 것 같다고 하며 학교를 그렸다. 시험기간 중 수업시간에 교실에 앉아 있으면 몸이 덜덜 떨리고 그 안에는 숫자와 수학기호들이 떠다니는 것 같아 수학이 없어졌으면 좋겠다고 하며 숫자와 수학기호를 그려 넣었다. 수학에 대한 자신의 감정 중에 버리고 싶은 것을 물어보자 떨리는 마음을 버리고 싶다고 하였다. 자신을 막대사람으로 표현해서 주변에 수학생각을 검정색으로 칠하며, 떨고 있다고 하였다. 떨리는 마음을 버리고 나면 기분이 좋을 것 같다고 하며 주황색으로 막대 사람을 더 그려 넣었다. 주황색은 밝아진 자신의 기분을 표현한 것이라고 하였다. 내담자는 수학이 싫고, 잘못해서 안하고 싶다고 하였고, 내담자의 어머니는 잘하는 것만 좋아한다고 하며 한숨을 쉬었다.

라이스페이퍼에 배출하고 싶은 것 그리기

　내담자는 변기에 버리고 물을 내리니까 시원하게 내려가서 기분이 좋고, 또 버리고 싶은 것이 생기면 이렇게 내려 버리고 싶다고 하였다. 마음은 버려지지 않아 힘들었는데 자신이 다른 사람에게 이야기를 하고 그림으로 그려서 내려보내는 것이 마음이 편해지는 데 도움이 되는 것 같다고 하였다. 내담자는 떨리는 마음을 버리고 나면 시험기간에 덜 힘들 것 같다고 하며 배가 아프지 않고, 밥을 잘 먹을 수 있을 것이라고 하였다.

7. 활동 후 느낀 점에 대해서 이야기 나눈다.

▌Tip

아동이 만든 변을 변기에 내리려면 물에 녹고 변기에 내렸을 때 막히지 않는 재료를 사용하도록 한다. 플레이콘이나 물에 잘 녹는 비스킷류를 활용할 수 있다.

배설

2

▌목표

1. 표현하지 못했던 심리적 · 정서적 어려움이 무엇인지 탐색할 수 있다.
2. 미술매체를 통해 심리적 · 정서적 어려움을 안전하게 표출하는 경험을 할 수 있다.

▌준비물

양변기가 있는 화장실, 윈도 마커, 샤워기

▌활동방법

1. 변기의 역할에 대해 탐색한다.
2. 변기에 거꾸로 앉거나 서서 변기에 씻어 내리고 싶을 정도로 마음이 힘들고 아팠던 사건, 기억, 감정, 경험 등을 윈도 마커로 자유롭게 그린다.
3. 변기에 그린 자신의 그림에 대해 자유롭게 이야기 나눈다.
4. 변기에 물을 붓거나 샤워기로 물을 뿌려 씻어 낸다.
5. 변기에 그림을 그리고 씻어 낸 느낌에 대해 이야기 나눈다.
6. 변기처럼 마음에도 나쁜 기억, 어려움, 걱정 등을 씻어 내릴 수 있는 물건이 있어서 그 물건을 사용해 본다면 어떤 느낌일지 생각해 보고 이야기 나눈다.
7. 활동 후 느낀 점에 대해서 이야기 나눈다.

사례 1.

분리불안, 5세, 남

내담자의 분리불안에 대하여...

 내담자는 4세 때, 아버지가 외국에서 일을 하게 되면서 집에 자주 오지 않게 된 시점부터 불안한 증상을 보였다. 내담자는 어머니가 걱정이 된다고 울며 유치원에서도 선생님에게 부탁해서 어머니에게 전화를 하고, 통화가 되지 않으면 어머니가 유치원으로 찾아올 때까지 울면서 아무것도 먹지 않고 아무런 활동도 하지 않으려고 하였다. "엄마가 돌아오지 않으면 어떡해요." "나쁜 사람이 엄마를 잡아갈 것 같아요." "교통사고가 나서 다칠 것 같아요."라며 과도하게 어머니를 걱정하였다. 어머니가 유치원에 데리러 오는 시간이 늦어지면 방금 통화를 했는데도 또 전화를 해 달라고 하고 어머니가 유치원에 도착할 때까지 전화기를 놓지 못했다. 내담자가 5세 때 아버지가 외국에서 돌아오고도 불안해하고 걱정하는 증상은 계속되었다. 어머니와 떨어지지 않으려고 유치원을 가지 않겠다고 하고, 매주 월요일이 되면 어머니가 직장을 갈 때도 따라가겠다고 울어서 할 수 없이 함께 시간을 보내다가 내담자가 잠이 들면 직장으로 가는 일이 잦아지며 어머니도 직장생활을 제대로 하기가 어려웠다. 유치원에 갈 시간이 되면 먹은 음식을 모두 토하고 울기를 일주일 넘게 반복하여 치료를 시작하게 되었다.

내담자와의 미술치료에서는...

 내담자는 엄마와 아빠가 싸우는 것이 너무 무섭고 싫다고 하면서 불안할 때 많이 나타나는 행동인 눈을 반복해서 깜박이는 모습을 보였다. 엄마, 아빠가 싸우는 것에 대해 엄마, 아빠는 자기가 알고 있다는 것을 잘 모르는데 자신은 다 알고 있다고 하며 걱정스러운 표정을 지어 보였다. 내담자는 별을 그리면서 밤에 엄마, 아빠가 싸울 때 번개가 치는 것 같다고 하며 펜을 빠르게 움직이며 덧칠을 하였다. 번개가 치면 머리가 뾰족뾰족해지면서 번개 맞은 사람처럼 된다고 하였다. 머리카락이 하늘을 향해 있는 사람은 자신이고 마음속으로 "아!~~~"하고 소리를 지르는데 진짜 소리를 내면 엄마, 아빠가 듣기 때문에 가짜로 소리를 지르고 있는 것이라고 하였다. 또 번개 괴물이라고 하며 회오리바람을 그리고 주변에도 바람이라고 하며 "쉭~" 소리를 내며 여러 가지 색으로 선을 그렸다.

    내담자는 엄마, 아빠에게는 비밀이라서 보여 주면 안 된다고 하면서 샤워기로 물을 뿌렸고, 그림이 지워지고 흘러내려 가는 것을 보면서 웃어 보였다. 내담자는 기분이 좋다고 하며 목욕하고 난 다음의 느낌이라고 하였다. 내담자는 변기처럼 마음을 씻을 수 있는 물건이 있다면 비누 같은 것인지 치료사에게 물어보았고, 마음비누라고 이름을 붙였다. 마음비누를 사용하면 목욕하고 난 기분이 들 것 같다고 하고, 엄마, 아빠에게도 주고 싶다고 하였다.

변기에 앉아서 그림 그리기

완성된 그림

변기 씻어 내기

사례 2.

우울, 초등1, 여

내담자의 우울에 대하여...

내담자가 태어나고 이혼을 했던 부모님이 4세 때 재결합을 하면서 남동생이 태어났다. 부모님의 관심이 남동생에게 집중되었고, 내담자는 유치원에 보내졌다. 유치원에서 친구들의 환심을 사려고 먹을 것이나 물건을 나누어 주는 일이 많았다. 초등학교 입학 후에는 한두 명의 친구에게 집착을 하며 자신의 친구가 다른 아이들과는 놀지 못하게 하였다. 자신이 집착하는 친구에게 잘 보이기 위해 엄마 지갑에서 돈을 꺼내어 선물을 사 주거나 음식을 사 주며 과시하는 행동을 하고 거짓말을 하였다. 자신이 싫어하는 아이가 있으면 편을 갈라서 싸우거나 따돌렸고, 내담자가 따돌림의 가해자로 선생님에게 야단을 맞고 공개적으로 사과를 하는 일이 있었다. 2학기가 되면서 같은 반 아이들이 내담자와 점점 멀어지고 내담자가 따돌림을 당하기 시작했다. 내담자는 밤에 잠을 자지 못하고 학교에 가지 않겠다고 하였다. 학교에 가면 무섭고 싫다고 안절부절못하고 또래 사이에서 사소한 일에 갑자기 큰 소리를 내며 화를 내어 싸움이 벌어지는 일이 잦았다. 병원에서 우울 진단을 받고 미술치료를 시작하였다.

내담자와의 미술치료에서는...

내담자는 변기에 그림을 그리면 안 된다고 하며 치료사의 얼굴을 쳐다보았고 치료실에서는 괜찮다고 하자 그림을 그리기 시작했다. 처음에는 변기에 작은 하트를 여러 개 그리더니 스프링 모양으로 선을 그리면서 "이것을 씻어 버리고 싶어요."라고 말하였다. 내담자는 그림을 그리면서 점점 더 크게 그리고 변기에서 일어나 앉는 시트 부분과 그 옆에도 그림을 그렸다. 학교에 있으면 여러 가지 생각이 많이 나는데 기분이 안 좋아진다고 하며 선을 여러 겹 겹쳐 그렸다. 변기 시트는 커다란 악어 입이라고 하며 엄마가 잔소리하는 것, 선생님이 "조용히! 뛰지마!"라고 하며 아이들을 야단치는 것이라고 말하고는 놀란 표정을 지으며 손으로 한쪽을 스윽 지웠다.

내담자는 그림을 그릴 때는 기분이 좋았는데 너무 많이 그린 것 같아 걱정이 되었다고 한다. 물로 그림이 지워지니까 마음이 놓였고, 기분이 좋아졌다고 하였다.

기분이 좋아지고 난 후에야 내담자는 치료자에게 학교에 가면 잠만 오고 기분이 좋지 않아서 가고 싶지 않다고 하였다. 어머니가 학교에 가라고 하여 억지로 가지만 거의 엎드려 있다고 했다. 반 아이들은 자신이 자는 줄 아는데 다 듣고 있다고 하며 자신에 대해 나쁜 말을 해서 물건을 던져 버렸다고 했다. 아이들이 이상하게 쳐다보아서 아이들과 더 말을 하고 싶지 않다고 하였다. 내담자는 변기처럼 마음을 씻어 내릴 수 있는 것을 학교에 가지고 다니면서 사용할 수 있으면 좋겠다고 하였다. 마음을 씻을 수 있는 것이 있으면 학교에 가서도 기분이 좋아져서 수업이 마칠 때까지 있어도 괜찮겠다고 하였다.

완성된 그림

변기 씻어 내기

깨끗해진 변기

▌Tip

1. 윈도 마커 이외에도 케첩, 잼, 마요네즈, 초콜릿 데코펜 등의 음식 재료나 물에 씻어서 지워지는 다양한 재료를 활용할 수 있다.

2. 일회용 종이 변기 커버에 그림을 그린 후 변기에 내릴 수 있다.

쾌변 슛(shoot)

3

▌목표

1. 억압된 감정을 표출하는 과정을 통해 심리적 이완을 경험할 수 있다.
2. 미술 매체를 활용한 심리적 배변활동을 통해 공격성을 해소할 수 있다.

▌준비물

변기, 물에 뜨는 과자, 물총, 접시, 물감

▌활동방법

1. 마음속에 담아 두고 다른 사람에게 하지 못한 말이나 마음속 깊은 곳에 있는 두려움에 대해 이야기 나눈다(두려움에 대해 내담자가 이야기를 찾지 못할 경우 하지 못한 말이나 두려움이 있다면 어떤 것이겠는지 가정해서 찾아보도록 한다).
2. 하지 못한 말이나 마음속의 두려움을 과자라고 생각하고 두려움의 크기나 양만큼 접시 위에 올린다.
3. 하지 못한 말이나 마음속의 두려움을 나타내는 물감색을 선택해서 과자 위에 조금씩 짠다.
4. 물감을 짠 과자를 변기에 띄우고 물총으로 쏘아 맞춘다.
5. 물과 물감이 섞이고, 과자가 부서지거나 녹는 모습을 관찰한 후 물을 내려보낸다

(내담자가 충분히 심리적인 해소를 느낄 수 있도록 이 과정을 반복한다).

6. 자신이 마음속에 담아 두었던 것을 그림으로 표현하거나 일기를 쓰거나 말을 해서 시원해졌거나 편안해졌던 경험이 있는지 탐색한다. 경험을 찾지 못하면 이러한 경험이 마음을 가볍게 하고 시원해질 수 있음을 이야기 나눈다.

7. 활동 후 느낀 점에 대해서 이야기 나눈다.

사례 1.

우울, 초등5, 남

내담자의 우울에 대하여...

　내담자의 어머니는 내담자 출산 후 직장생활을 해야 하고 내담자를 돌봐 줄 사람이 없어서 시골에 있는 친할머니 집에 보냈다. 내담자가 3세 때 동생이 태어나면서 외할머니가 어머니 집에 거주하며 내담자와 동생을 함께 돌보았고, 어머니는 잦은 야근과 출장으로 집에 있는 시간이 많지 않았다. 내담자는 편식이 심했고, 장염으로 입원을 자주 하였다. 초등학교 1학년 때는 친구가 없어서 학교에 가고 싶지 않다고 하였으나 2학년 때는 같은 학원을 다니는 친구와 자전거를 타러가기도 하였다. 내담자는 초등학교 4학년 때 전학을 갔는데 학기 중에 전학을 가는 바람에 친구들과 친해지는 것이 어려웠다. 친구들이 놀리고 따돌린다고 어머니에게 울면서 말했고, 어머니가 담임선생님과 면담을 하였으나 특별히 따돌림을 받는 것이 아니고 아이들이 다가가 말을 걸어도 내담자가 대답이 없어서 대화가 없는 것이라고 하였다. 내담자는 5학년이 되어서는 매일 피곤하다고 하며 무기력해 있고, 깊은 잠을 자지 못했다. 학교와 집에서 말이 더욱 줄어들었고, 전학 가기 전에는 주말마다 타러 가고 좋아하던 인라인스케이트도 타러 가지 않았다. 집 밖으로 나가기를 싫어하고 집에만 있으려고 했다. 학교에서 담임선생님이 반 아이들과 어울리지 못하고 지나치게 경계를 하고 경직되어 있다고 했다. 그리고 때때로 위험한 행동을 하여 주위 아이들이 놀라는 일이 많았다. 갑자기 커터칼을 휘둘러서 반 아이들이 모두 놀랐고, 아무 이유 없이 소리를 지르는 일이 몇 차례 보였다.

내담자와의 미술치료에서는...

　내담자는 꼭 말하고 싶었는데 말하지 못해서 억울한 것 두 가지와 이야기하면 안 될 것 같아서 말하지 않은 것 한 가지, 한 번쯤 말해도 될 것 같은데 타이밍을 놓쳐서 말하지 못한 것들이 여러 가지 있다고 하였다. 억울한 일은 동생이 자신의 방을 어질러 놓은 것인데 엄마는 자신에게만 야단을 치고 동생은 야단치지 않았던 일이다. 말을 하려고 했는데 엄마가 들어 주지도 않고 다짜고짜 야단만 쳐서 억울하고 속상했다고 하였다. 또 학교에서 선생님이 학급 규칙을 지키지 않았다고 단체 벌점을 주는데 규칙을 잘 지킨 아이들은 억울한 상황인데 왜 단체로 주는지 물어보지 못한 것이 억울한 일이라고 하였다. 이야기하면 안 될 것 같아서 말하지 않은 것은 자신을 괴롭히는 아이가 있는데 엄마나 선생님에게 말하면 가만두지 않겠다고 해서 말을 하지 못했는데 지금은 그 아이가 전학을 갔고, 치료사에게 처음 이야기하는 것이라고 하였다.

과자 접시에 올리기   과자에 물감 짜기

괴롭힌 아이에 대해 말을 하지 못했던 일을 생각하면 화가 나서 빨간색이고, 엄마한테 억울한 일은 노란색, 벌점을 받은 일은 벌점 때문에 얼굴이 새파랗게 질려서 파란색이라고 하였다. 그때그때 하지 못한 말은 사소해서 시간이 더 많이 지나가면 지워질지도 모르기 때문에 하얀색이라고 하였다.

물총에 물을 가득 넣어 맞추기를 여러 차례 반복하였다. 과자가 물총에 맞을 때 통쾌하고 과자가 부스러져 가라앉는 것을 보니까 시원하다고 하였다. 물과 물감이 섞여서 색이 변한 변기물을 보면서 설사한 것 같다고 하며 물을 내렸다. 물감이 남아 있는 변기에 물총을 더 쏘고 물을 한번 더 내려 변기가 깨끗하게 된 모습을 보며 "이제 다했어요."라고 말하였다.

변기에 넣고 물총 쏘기

물총으로 쏘는 것처럼 말을 하면 마음이 편해질 수 있을 것 같다고 하였고, 치료사에게 자신이 하고 싶은 말들을 해 보고 나니까 마음이 가벼워진 것 같다고 하였다. 내담자에게 마음이 가벼워지고 시원해지기 위해 내담자가 할 수 있는 일을 생각해 보도록 하였다. 내담자는 다음 일주일 동안 엄마에게 사소한 인사말 정도는 해 볼 수 있겠다고 하며 실천해 보고 다음 주에 치료사에게 이야기를 해 주겠다고 하였다.

사례 2.

우울, 중등1, 남

내담자의 우울에 대하여...

　내담자는 아버지의 폭력으로 인해 다리가 부러져서 병원에 입원한 경험이 있었다. 내담자의 어머니는 아버지의 폭력을 견디지 못해 내담자가 초등학교 6학년 때 집을 나갔고 연락이 되지 않았다. 중학교에 들어가서 몇몇 아이들이 내담자를 폭행하고 따돌렸고, 내담자가 학교폭력으로 신고를 하여 내담자를 괴롭힌 아이들은 징계를 받자 자퇴를 하였다. 그 일 이후 학교 아이들이 내담자를 피했고, 내담자가 나쁜 아이라고 소문이 났다. 내담자는 학교에서는 늘 머리가 멍하고 수업에 집중이 잘 안 되었다. 집에서 혼자 있을 때는 '사랑받을 자격이 없다.'는 생각이 든다고 하였다. 잠을 잘 못자고 자지 않을 때는 멍하게 앉아서 보내는 시간이 많았다. 몇 개월 동안 급격하게 살이 빠졌고 담임선생님이 의뢰하여 치료를 받게 되었다.

내담자와의 미술치료에서는...

　내담자는 속에 담아 두고 하지 못한 말이 많다고 하며 과자를 접시에 잔뜩 올렸다가 "이 정도는 아닌 것 같은데……."라고 하며 조금 덜어 놓았다. 학교에서 몇몇 아이들이 자신을 왕따 시키고 때려서 그 아이가 학교에서 자퇴를 하게 된 건데 자신이 '나쁜 아이'라서 아이를 퇴학시켰다고 오해해서 속상하다고 하였다. 오해의 색은 주황색이고 진실은 파랑이라서 파랑 위에 주황색으로 덮는다고 하였다. 친구들한테 오해라고 제대로 말을 못한 자신이 답답하게 느껴지는 것은 보라색, 아이들이 자신을 괴롭히는 것을 말하고 싶은데 들어 주지 않아서 힘들고 화가 나는 것은 빨간색, 내담자의 아버지가 밤에 불을 꺼 놓고 내담자를 때리는 것이 불만인데 말을 못하겠다는 것은 검정색을 선택하였다.

과자 접시에 올리고 물감 짜기

　　내담자는 변기에 띄운 과자를 물총으로 쏘아 맞추고 나서 색깔이 다 섞이니까 더러워 보이고 별로인 것 같다고 하며 좋지 않은 감정이 섞이면 오줌같이 더러워지는 것 같다고 하였다.

과자 변기에 넣기

물총 쏘기

　　물을 내린 후 기분이 시원하고, 변기가 막히지 않을까 걱정했는데 잘 내려가서 다행이라고 하였다. 내담자가 마음속에 담아 두었던 말을 표현했던 경험은 학교 칠판에 낙서를 했던 일이라고 하였다. 일찍 학교에 갔을 때 아무도 없어서 칠판에 괴롭힌 아이 이름과 욕을 썼다가 누가 오는 소리가 들려서 급하게 지웠다고 하였다.
　　내담자는 자신이 말을 하면 잘 들어 줄 것 같지 않아서 조금 걱정이 되는데 치료사처럼 잘 들어 준다면 다른 사람에게도 말을 해 볼 만하다는 생각이 들었다고 하였다.

▌Tip

변기에 내릴 수 있도록 쉽게 녹거나 막히지 않는 과자를 선택하고, 과자는 한 번에 변기에 내릴 수 있는 양을 고려하여 변기에 넣는다.

4 대처

짚고 가기

우울과 불안으로 정서적 어려움을 겪는 내담자가 자신을 안전하게 보호하면서 타인과 상호작용하는 기술을 배우는 것은 환경적응의 중요한 과제다. 우울과 불안에 대한 대처는 우울하거나 불안한 상황에서 자신의 고통스러움을 잠시 피하기 위해 음악을 듣거나 우울하거나 불안을 유발시키는 대상이나 상황을 피하는 소극적인 대처기술을 탐색하고 활용하는 것에서부터 시작할 수 있다. 그리고 도움을 줄 수 있는 사람을 찾아서 도움을 요청하거나, 자신이 원하는 것을 말하는 자기주장을 하거나 문제를 해결할 수 있는 방법을 찾아보는 등 보다 적극적인 대처 기술을 탐색하고 습득하여 대인과의 관계 속에서 스스로 안정감을 느끼도록 확장해 나갈 수 있다.

먼지나 감염을 막는 마스크의 기능은 불편하고 걱정되는 상황을 막는 소극적인 대처방식으로 비유하여 탐색할 수 있다. 다양한 기술을 비옷에 부착하여 마스크보다 적극적인 대처방식을 탐색하는 데 도움을 준다. 유머는 부정적인 감정과 긴장을 완화시키고 대인관계를 유쾌하고 유연하게 하며 개인의 느낌을 좀 더 자발적으로 표현하도록 돕는다. 웃음과 유머를 사용하여 고통이나 심리적 어려움을 상쇄할 수 있음을 경험할 수 있다.

1 마스크

▌목표

1. 걱정되고 불안한 상황에서 자신을 보호하는 방법을 알 수 있다.
2. 자신을 보호할 수 있는 자신에 대해 자기 긍정감을 가질 수 있다.

▌준비물

마스크, 유성매직, 거울 또는 카메라

▌활동방법

1. 마스크를 써 본 경험을 떠올려 보며 마스크의 종류와 마스크를 쓰는 이유에 대해 탐색한다(예: 황사를 막아 주는 황사마스크, 감염을 막아 주는 N95 마스크 등).
2. 자신의 일상생활에서 불편하고 걱정되는 상황은 어떤 것이 있는지 찾는다.
3. 마스크의 겉면에 불편하고 걱정되는 것을 막아 내는 방법을 그림이나 상징물로 그린다.
4. 마스크를 쓰고 불편하고 걱정되는 상황을 막아 내는 자세를 취해 본다. 자신의 모습을 거울에 비춰 보거나 사진으로 찍어서 살펴본다.
5. 실제로 불편하고 걱정되는 상황을 막아 내면 어떤 기분일지 생각한다.
6. 활동 후 느낀 점에 대해서 이야기 나눈다.

사례 1. 시험불안, 초등6, 남

내담자의 시험불안에 대하여...

　내담자의 어머니는 고부갈등으로 인해 남편과 사이가 좋지 않았는데 남편과의 갈등이 심해질수록 내담자의 교육에 마음과 시간을 쏟았다고 하였다. 내담자가 6세 무렵 'ㄷ'자를 거꾸로 쓰고 글자를 틀렸다며 심하게 울었고 어머니가 괜찮다고 해도 울음을 그치지 않았다. 그리고 유치원에서 선생님이 과일 이름을 물어보았는데 내담자가 틀린 답을 하거나 노래가사를 틀리게 부르는 등 자신이 실수를 했을 때 우는 일이 많았다. 내담자는 실수를 하는 것을 매우 두려워했고, 결정을 내리거나 자기 생각을 말하는 것을 주저했다. 일상생활에서 일어나는 일에 지나치게 확인을 하며 걱정을 해서 날씨가 흐린데 우산을 챙겨 가지 않으면 큰일이 날 것처럼 우산 챙겨야 된다는 말을 반복하고, 방송에서 지진이나 전쟁에 관한 이야기가 나오면 당장 일어날 일처럼 안절부절못했다. 특히 시험이 다가오면 시험을 치는 날짜와 시간, 시험범위를 매일 확인하고, 시험일에는 음식을 잘 먹지 못하였다. 초등학교 5학년 무렵부터 시험일이 다가오면 머리가 아프다고 하였고, 5학년 기말고사 때 문제지를 받는데 눈 앞이 캄캄해지고 시험문제가 눈에 보이지 않아 당황해서 교실에서 울어 버렸다. 그 후 작은 쪽지 시험을 쳐도 머릿속이 하얗게 된다고 하며 우는 일이 자주 일어났다. 내담자는 시험 생각을 하면 손에 땀이 나고, 땀 때문에 손이 미끄러워서 연필을 잡고 있기가 힘들었다. 내담자는 엄마를 실망시키면 안 된다고 하며 시험을 못 치면 인생이 망가질 것 같다고 하였다.

내담자와의 미술치료에서는...

　내담자는 감기에 걸렸을 때 어머니가 마스크를 꼭 쓰라고 했고, 다른 사람에게 감기를 옮기거나 피해를 주면 안 된다고 해서 자신은 마스크를 잘 쓴다고 했다. 일상생활에서 불편하고 걱정되는 상황은 시험을 치는 상황이라고 하였다. 그리고 시험점수가 떨어지는 것이 걱정인데 지난 번 중간고사를 못 쳐서 기말고사에는 점수를 만회해야 한다고 하였다. 중간고사 때 수학이 18점이 떨어졌고 반 등수도 떨어져서 정말 최악이었다고 하며 어머니가 많이 속상해했다고 하였다.

　　내담자는 마스크가 왼쪽 오른쪽으로 나뉘는데 왼쪽에는 책상 앞에 앉아 시험을 치는 자신을 그리고 주변을 어둡게 색칠하였다. 자신의 눈에는 빛이 나오는 램프를 그려 넣었다. 내담자는 여러 가지 걱정 중에서 시험이 제일 걱정이 된다고 하며 시험지를 받으면 앞이 캄캄하고 아무 생각이 안 나고 세상이 다 어두운 것 같다고 하였다. 눈에 불이 켜지면 시험지도 보이고 무섭지 않을 것 같다고 하였다.

　　여러 가지 마스크들을 살펴본 후 물에 젖지 않을 것 같다고 하며 표면이 코팅된 마스크를 선택했다. 마스크가 왼쪽 오른쪽으로 나뉘는데 한쪽에는 책상 앞에 앉아 시험을 치는 자신을 그리고 주변에 복잡한 머릿속의 생각들을 그려 넣었다. 시험을 칠 때 생각들이 쏟아져 나와서 도망을 가는 것 같은 기분이 든다고 하였다. 자신의 손에 작은 청소기를 그리고 작은 청소기를 들고 쏟아진 생각들을 모아서 기억을 잘하고 싶다고 하였다. 시험을 치고 있는 자신의 뒤에 물방울이 흘러내리는 것은 땀이라고 하며 시험을 치는 동안 땀이 나서 시험지가 축축해지면 더 불안해지고 문제를 풀기가 힘들다고 하였다. 그림 속의 작은 청소기는 땀을 청소하는 기능도 있다고 설명하였다.

　　다른 한쪽에는 책상 앞에 앉아서 시험을 치는 자신을 그리고 주변을 어둡게 색칠하였다. 자신의 눈에는 빛이 나오는 램프를 그려 넣었다. 내담자는 여러 가지 걱정 중에서 시험이 제일 걱정이 된다고 하며 시험지를 받으면 앞이 캄캄하고 아무 생각이 안 나고 세상이 다 어두운 것 같다고 하였다. 눈에 불이 켜지면 시험지도 보이고 무섭지 않을 것 같다고 하였다.

막아 내는 마스크의 한 면

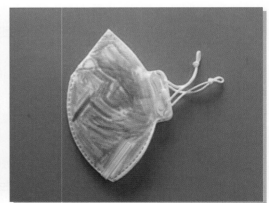

막아 내는 마스크의 다른 한 면

내담자가 시험을 칠 때 자신은 문제를 잘 풀고 싶은데 잘 풀지 못 할까 봐 걱정이 되어서 계속해서 문제를 보고 또 보기를 반복하는데 그래도 1등을 하지는 못한다고 하였다. 마스크를 쓰고 걱정되는 시험을 물리치고 있는 모습을 보니까 자신이 무섭게 보이고 강해 보여 좋다고 하였다. 사진으로 찍어 놓은 자신의 모습이 마음에 들고 사진을 간직하고 싶다고 하였다. 일상생활에서 이런 모습을 가지면 친구들이 만만하게 보지 않아서 자신이 편할 것 같다고 하였다. 그리고 자신의 어머니가 좋아할 것 같다고 하였다.

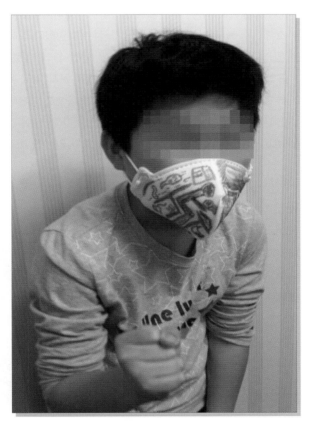

막아 내는 자세

사례 2.

우울, 중등1, 남

내담자의 우울에 대하여...

내담자는 초등학교까지 친구들과 잘 어울리고 여느 아이와 다름없는 학교생활을 했었다. 중학생이 된 두 달 후부터 매우 신경질적이 되었다. 부모가 말을 걸어도 짜증스럽게 반응하여 부모와 다투는 일이 많았다. 학교생활에서 규칙이 너무 많아서 짜증난다는 표현을 자주 하였다. 자신의 잘못으로 조 전체가 벌점을 받게 되었는데 같은 조 친구들이 자신 때문에 수행평가 점수를 망쳤다고 화를 내어 다툼이 일어났고, 선생님이 다투는 것을 발견하여 조원 전체가 벌점과 경고를 받았다. 그 후로 같은 반 친구들이 모두 자신에게 말을 걸지 않고 급식시간에도 혼자 밥을 먹게 되어 식사를 하지 않고 운동장 한쪽 구석에 앉아 있는 일이 많았다. 학교에서 돌아와서는 집 밖으로 나가지 않고 초등학교 때부터 친하게 지내던 친구가 찾아와도 만나지 않았다. 집에서도 밥을 잘 먹지 않았고 자기 방에 들어가 문을 잠그고 음악을 듣다가 소리를 지르는 일이 종종 있었다. 학교에 가지 않겠다고 방에서 나오지 않는 날이 일주일에 두 번 정도 있었다.

내담자와의 미술치료에서는...

내담자가 불편하고 걱정되어 막고 싶은 것은 학교라고 하였다. 초등학교 때와는 너무 다르고 규칙이 너무 많아서 조금만 잘못을 해도 벌점을 받게 된다고 하였다. 벌점 때문에 하루 종일 신경을 써야 되는데 그래도 소용 없이 계속 벌점을 받아 이제는 신경도 안쓴다고 하였다. 반 친구들은 벌점 때문에 친구도 버린다고 하며 벌점이 왜 있는지 모르겠다고도 하였다. 그리고 선생님들이 수업시간에 하는 말은 알아듣지 못하겠다고 하였다. 다른 친구들을 보면 잘 알아듣는 것 같은데 자신만 무슨 말인지 알아듣지 못하는 것 같고 바보가 되는 기분이 들어서 싫다고 하였다. 같은 반 친구들이 말을 걸어 오지도 않고, 자신도 말을 걸지 않고 학교에서는 "예, 아니요." 정도의 말을 한두 마디 정도만 한다고 하였다. 그래서 학교에 뭐하러 가는지 모르겠다고 하며 학교에 가고 싶지 않고 아무것도 하고 싶지 않다고 하였다.

　내담자는 학교가 최대한 멀리 있으면 좋겠다고 하며 상단에 작게 그린 후 마스크의 주름을 접어 보이지 않게 하였다. 그리고 마스크 중간에 집을 그려서 자신은 집에서 나가고 싶지 않다고 하였다. 내담자가 아무것도 하고 싶지 않고 학교에 가고 싶지 않은 불편한 마음을 막는 방법은 누나와 함께 이야기를 나누는 것과 혼자 음악을 듣는 것이라고 하였다. 마스크에 대처방법을 그려 넣어 보도록 하여 집의 지붕 위에 말풍선을 그리고, 집 옆에 자신을 그린 후 음표를 그려 넣었다. 내담자의 누나는 자신에게 학교 가라는 말은 하지 않아서 좋고, 자신을 이해해 주는 것 같다고 하였다. 누나도 기분이 좋지 않을 때 음악을 듣는데 기분이 좋지 않을 때 들어 보라고 다운 받아 준 음악도 있다고 하면서 누나와 음악 이야기를 하고 있으면 기분이 좋아진다고 하였다. 그때 자신에 대해서 어떻게 느끼는지 물어보자 자신이 좀 괜찮은 것 같이 느껴진다고 하였다. 학교에서도 그런 느낌이 든다면 학교에 가는 것도 좋을지 생각해 보도록 하였고 내담자는 학교에서 그런 느낌이 드는 때는 절대 없다고 하며 고개를 흔들었다. 나쁘지 않은 때를 찾아보도록 격려하자 음악시간에는 괜찮은 것 같다고 하였다.

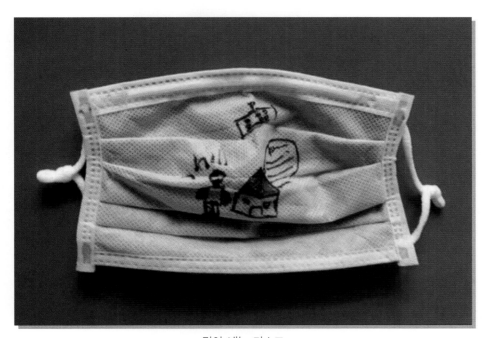

막아 내는 마스크

103

    마스크를 끼고 다양한 포즈로 막아 내는 자세를 취하며 사진을 찍었다. 어떤 자세를 해야 할지 모르겠다고 하며 망설여서 자신이 좋아하는 가수의 노래 부르는 포즈부터 게임에서 캐릭터들이 싸움을 할 때 모습을 떠올려 보도록 하였다. 여러 장의 사진 중에 가장 잘 막아 내고 있는 것 같은 모습을 내담자가 선택하였다. 내담자는 마스크를 끼고 있는 자신의 모습을 보면서 '나도 막을 수 있다.'는 말을 하고 있는 것처럼 보인다고 하였다. 내담자에게 학교에서 무엇을 막으면 조금 편해질 수 있을지 찾아보도록 하였고 벌점을 막고 싶다고 하면서 벌점을 막으면 친구들이 화내는 것도 막을 수 있을 것 같다고 하였다. 자신이 초등학교 때는 학교 생활을 잘 했던 것 같다고 하며 조금 웃어 보이기도 하였다.

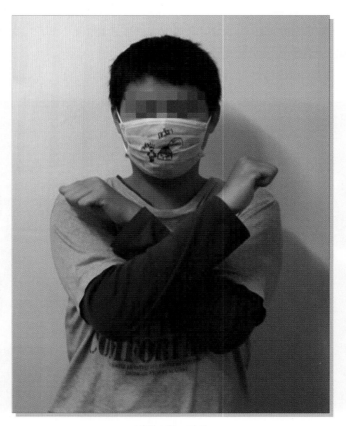

막아 내는 자세

Tip

보호를 위한 도구들로 먼지나 강한 빛으로부터 눈을 보호할 때 쓰는 고글, 일할 때 소매가 해지거나 더러워지는 것을 막는 팔토시, 비가 올 때 발이 젖는 것을 막아 주는 장화 등을 활용해도 좋다.

2 아이언맨 슈트

▌목표
1. 사회적 상황에서 불안이나 걱정을 막는 것에 대해 경험할 수 있다.
2. 불안이나 걱정에 대한 적극적인 대처방법을 알 수 있다.

▌준비물
일회용 비옷, 시트지, 유성매직, 가위

▌활동방법
1. 비옷을 입은 경험을 떠올려 보고 비옷의 기능에 대해 탐색한다.
2. 사회적 상황에서 자신에게 상처 주는 것은 어떤 것들이 있는지 생각한다.
3. 자신이 알고 있는 무기는 어떤 것이 있는지 이야기 나눈다.
4. 자신에게 상처 주는 것을 막거나 공격해서 부술 수 있는 자신의 능력이 담긴 무기를 생각하여 시트지에 그린다.
5. 무기를 그린 시트지를 가위로 오려서 비옷의 겉면에 붙여 아이언맨 슈트를 만든다.
6. 자신이 그린 무기와 그 무기의 기능 또는 자신의 능력(기능)을 설명한다.
7. 아이언맨 슈트를 입고 상처 주는 것을 막는 자세를 취하여 거울에 비춰 보거나 사진으로 찍어서 살펴본다.
8. 활동 후 느낀 점에 대해서 이야기 나눈다.

사례 1.

불안, 초등4, 남

내담자의 불안에 대하여...

　내담자는 혼자 있는 것을 무서워하고 초등학교 3학년 초까지 혼자서 집 밖에 나가지 못하여, 학교 등하교 시에도 어머니가 데려다주고 데리고 왔었다. 3학년 2학기부터 어머니가 오후에 일을 하기 시작하면서 등교 시에는 데려다주지만 하교 시에는 학원 버스를 이용하였고, 혼자 집에 가게 되었다. 그 후로 내담자는 수업 시간에 '집으로 가다가 누군가에게 납치를 당하면 어떻게 하지.' '교통사고가 나서 죽으면 어떻게 하지.' '집에 가면 혼자 있는데 귀신이나 무서운 사람이 오면 어떻게 하지.'와 같은 걱정이 떠올라서 수업에 집중을 하지 못했다. 밤에는 잠을 깊이 자지 못하고, 가끔씩 이불에 소변을 보는 일이 있었다. 내담자는 초등학교 3학년 말부터 과민해져서 또래 친구들이 지나가면서 스친 것에도 화를 내고 때려서 싸움을 일으키는 일이 잦았다. 친구들이 모여 있는 상황을 보면 자신을 욕하는 것 같아 보이고, 자신은 친구들과 놀고 싶은데 친구들이 자신을 싫어해서 말을 할 수가 없다고 하며 "나는 바보 같아."라고 어머니에게 자주 말했다. 가정에서도 짜증을 많이 내고 가족과 다툼이 일어나는 일이 많았다.

내담자와의 미술치료에서는...

　내담자는 비가 오는 날에 바람이 많이 불면 옷이 젖을까 봐 걱정이 되는데 비옷을 입으면 젖지 않아서 좋다고 하였다. 또 비옷을 벗을 때 조심해서 잘 벗어야 옷을 버리지 않는다고 하며 동작까지 보여 주었다. 비가 오는 날에는 걸어 다닐 때 특히 차를 조심해야 하고 차들이 자신을 잘 볼 수 있도록 밝은 색의 비옷이 좋다고 하였다.

　내담자가 사회적 상황에서 상처받는 것은 최근 학교에서 친구들 때문에 화가 나는 일이라고 하였다. 선생님은 자신을 야단치고 친구들이 자신을 싫어한다고 하며 어떻게 해야 할지 모르겠다고 하였다. 그리고 학교를 마치고 혼자 집에 가는데 나쁜 일이 일어날까 봐 걱정된다고 하였다. 길에서 자동차가 자신을 못 보고 달려와서 차에 치여 다칠 것 같아서 걱정이 된다고 하였다. 그리고 나쁜 사람이 자신을 먼 곳으로 데려가서 어머니를 다시 보지 못하게 될까 봐 걱정이 된다고 하였다. 내담자와 함께 친구들과 싸우는 상황에서 대처하는 방법에 대해 이야기를 나누었다.

　내담자가 자신에게 상처 주는 것을 막거나 공격해서 부술 수 있는 무기를 시트지에 표현하였다.

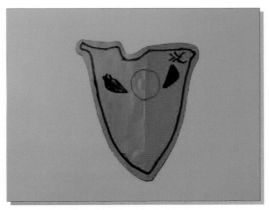

거대방패는 어떤 공격도 막아 낼 수는 능력을 가지고 있고 특히 싸움을 막는 데 사용하는 무기라고 하였다. 내공이 낮은 초보자들은 사용하기가 어렵다고 하였다. 학교에서 친구들이 시비를 걸거나 자신을 쳐서 싸울 상황이 오면 큰 숨을 쉬고 싸움을 참는 것이라고 하였다.

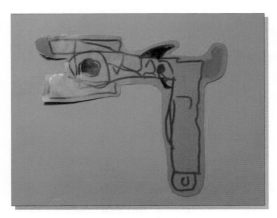

물총은 물이 무한리필 되기 때문에 계속해서 사용할 수 있고 물을 뿌리면 불이 꺼지는 것처럼 화가 났을 때 화를 공격해서 무력화시키는 무기라고 하였다. 화가 나서 속이 부글부글 거릴 때 찬물을 마시고 나면 화가 가라앉는다고 하였다. 자신의 어머니가 화를 많이 내는데 어머니에게도 필요할 것 같다고 하였다.

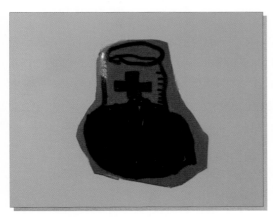

물약은 욕을 하지 않게 되는 약이라고 하였다. 내담자의 반에서는 욕을 하면 선생님에게 더 많이 혼나고 칭찬 스티커도 떼야 하기 때문에 욕은 하지 않는 것이 좋다고 하였다. 입술을 꼭 다물면서 욕을 하지 않으려고 참는 능력이라고 하였다.
친구도 자신에게 욕을 쓰지 않았으면 좋겠다며 친구에게 물약을 주고 싶다고 하였다. 자신이 "욕 하지 마."라고 말하는 것이 친구에게 물약을 주는 방법이라고 하였다.

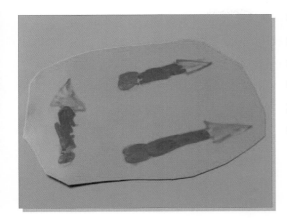

작지만 속도가 빠르고 정확한 수리검은 내담자의 주먹이 먼저 나가려고 할 때 막아 주는 무기라고 하였다. 주먹을 쥐고 있으면서 한 번은 참으라고 말했던 엄마의 말을 기억하는 능력이라고 하였다. 주먹은 자기도 모르게 나가기 때문에 막기가 쉽지 않다고 하며 정말 레벨이 높은 무기라고 하였다.

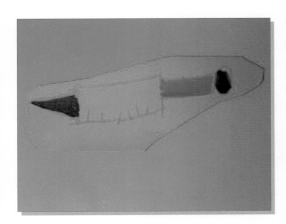

이 주사를 맞으면 걱정이 없어지고 짜증과 신경질을 안 내게 되는 무기라고 하였다. 내담자의 어머니가 자신이 걱정을 너무 많이 해서 예민하고 짜증도 많다고 걱정을 그만하라고 했다고 하였다. 자신에게 걱정을 그만하고 신경질을 좀 내지 말라고 스스로 말하고 싶다고 하였다.

오른쪽 팔에는 가장 많이 사용할 것 같은 거대방패를 붙여서 싸움을 막을 것이라고 하였다. 왼쪽 팔에는 물총을 붙여서 화가 나는 것을 식힐 것이라고 하였다. 나머지 무기들도 붙여 아이언맨 슈트를 만들었다.

내담자는 무기가 되는 자신의 능력을 찾아 그리고 난 후 무기를 세어 보며 자신의 능력이 많은 것 같다고 하였고, 엄마에게 보여 주고 싶다고 하였다. 내담자는 자신에게 필요한 무기가 장착된 아이언맨 슈트가 있으면 어디에 가든지 걱정되지 않을 것 같다고 하였다. 내담자는 상처 주는 것을 막거나 부술 수 있는 무기가 있으면 불안이 줄어들 수 있다는 것을 알게 되었다고 하였다.

아이언맨 슈트를 입고 포즈를 취한 모습

사례 2.　　　　　　　　　　　　　　　　　　　　　　　　　초등 고학년 남학생 집단

　내담자들은 상처 주는 것에 대해 수업 시간에 멍을 때리다가 선생님한테 야단맞는 것, 힘이 센 아이가 다가와서 심부름을 시키면 어쩔 수 없이 해야 하는 것, 학원을 많이 다니는 것, 친구들이 '돼지'라고 놀리는 말, 화가 나면 참지 못하고 친구들에게 욕을 하는 자신의 행동, 애들이 놀릴 때 아무것도 못하고 있는 행동이라고 하였다.

　내담자들이 만든 무기는 행복충격기, 스트레스 저격수 로봇, 휘어진 나팔, 차단기, 웃음 수료탄, 폭탄, 마법음료, 확성기, 칼, 다이너마이트, 행복라디오 등이다.

행복충격기는 기분이 안 좋을 때 행복으로 세게 충격을 주어서 행복해진다. 운동장에서 신나게 뛰는 것으로 행복 충격을 주는 능력이다. 선생님이 숙제를 조금 내어 주거나 엄마가 컴퓨터 시간을 늘려 주는 것도 행복 충격이 될 수 있다.

스트레스 저격수 로봇은 마음의 스트레스를 마법 탄환, 대형 자동분열탄 등으로 박살 낼 수 있다. 좋아하는 운동을 하거나 잘 하는 게임을 해서 스트레스를 해소하는 능력이다.

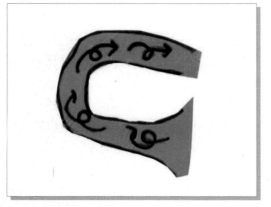

휘어진 나팔은 상대방이 자신에 대해 좋지 않은 말을 하거나, 욕설, 싫어하는 말을 할 때 반사시켜 주는 무기다. 실제로 반사를 하면 싸움이 나니까 속으로 '너도 똑같다.'고 말하면 싸움도 나지 않고 기분도 풀 수 있다.

차단기는 상처 주는 것을 완전히 차단하고 무시할 수 있다. 수업시간에 걱정이 되어도 차단하고 선생님이 내어 준 문제를 풀거나 과제를 하는 능력이다.

웃음 수류탄은 화가 나는데도 수류탄을 맞으면 웃게 해서 싸움을 할 수가 없게 된다. 평소에 잘 웃는 자신의 능력을 화가 날 때도 활용하는 것이다.

폭탄은 공부 시간에 졸고 있으면 폭탄이 터져서 정신을 차리게 된다. 고개를 끄덕이고 졸다가 놀라 깰 때가 있는데, 그때 마음속으로 '정신 차리자.' 라고 말하면서 집중하는 능력이다.

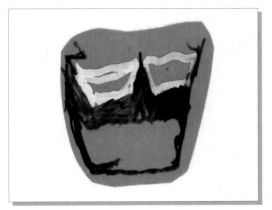

마법음료는 마시면 힘이 세진다. 단, 많이 먹으면 자꾸 누구를 때리고 싶어지니까 절대 많이 마시면 안 된다는 주의점이 있다. 맛있는 음식을 먹어서 기분이 좋아지면 상처받는 일을 잘 견딜 수 있는 능력이고, 많이 먹으면 살이 찌니까 조심해야 한다.

확성기는 자신이 하고 싶은 말을 할 수 있다. 하고 싶은 말이 있을 때 큰 목소리로 말을 하는 능력이다. 아이들이 놀릴 때 놀리지 말라고 큰 소리로 말하거나 다른 사람에게 놀리지 못하게 도와달라고 부탁하는 것이다. 어른에게 이야기할 때는 특히 부드럽고 상냥하게 말하는 옵션 기능이 있다.

칼은 걱정되는 마음을 단칼에 잘라 버릴 수 있다. 걱정을 단칼에 자르고 기분 좋은 생각을 하는 능력이다. 학원이나 집에서 공부를 할 때 학교에서 있었던 좋지 않은 일들이 떠오를 때 사용한다.

다이너마이트는 피로를 터트려서 피로회복을 할 수 있다. 학원을 마치고 저녁을 먹은 다음에 다시 학원을 가야 할 때 맛있는 아이스크림을 사 먹으면 피로가 풀린다.

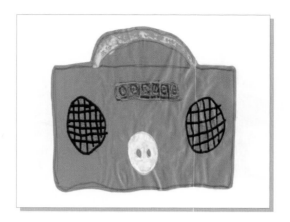

행복 라디오는 행복한 음악소리가 크게 나와서 기분을 좋게 해 준다. 상처받는 말을 들을 때 화가 나고 속상하면 좋아하는 노래를 부르거나 들으면서 기분을 전환하는 능력이다.

무기를 비옷에 붙여 아이언맨 슈트 만들기

　무기를 장착하니까 정말 영화에서 본 아이언맨 슈트 같고 힘이 생기는 것 같아 기분이 좋아지고 자신이 멋져진 것 같다고 하였다. 학교에서 무기의 기능을 써 보고 싶고 이런 능력을 더 기르려고 더 노력해야겠다고 하였다.

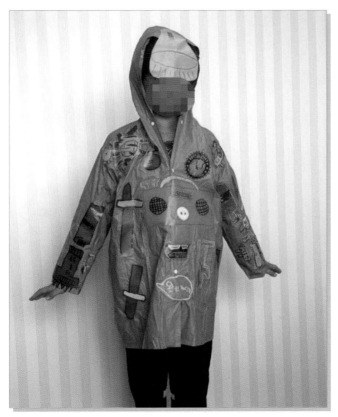

아이언맨 슈트를 입고 포즈를 취한 모습

▎Tip

1. 비옷과 유사하게 몸을 감싸서 보호하는 방진복을 사용해도 좋다.
2. 집단일 경우 비옷을 부위별로 잘라 내어 그림을 그린 후 하나로 합쳐서 완성하는 방법을 활용해도 좋다.

유머

▌목표

1. 자신을 긍정적인 정서 상태로 유지하는 방법을 알 수 있다.
2. 불안이나 걱정을 일으키는 사회적 상황에서 유머를 통해 유연성 있게 대처할 수 있다.

▌준비물

웃는 얼굴 사진 또는 작품들, 색지, 사인펜

▌활동방법

1. 웃는 얼굴이 있는 작품을 보면서 눈과 입의 모양, 자세를 자세히 관찰하고 똑같은 모습으로 흉내 내어 웃어 본다.
2. 자신을 웃게 하는 물건, 사람, 추억, 농담, 개그 프로그램 등을 찾는다.
3. 자신을 웃게 하는 것들을 색지에 그린 후, 종이를 접어서 팝업북을 만든다.
4. 팝업북을 열어 웃음과 유머를 사용하고 싶은 상황을 생각해 보고 치료사와 함께 그 상황일 때 웃어 넘기는 상황극을 해 본다.
5. 웃음을 주는 팝업북을 선물하고 싶은 사람은 누구인지, 그 이유는 무엇인지 이야기 나눈다.
6. 활동 후 느낀 점에 대해서 이야기 나눈다.

사례 1.

우울, 중등2, 여

내담자의 우울에 대하여...

　내담자는 초등학교 때까지 성적이 나쁘지 않았으나 중학교에 들어가고 나서는 성적이 좋지 않았다. 어머니는 외국어 고등학교에 다니는 내담자의 오빠와 내담자를 비교하며 성적이 나빠서 외국어 고등학교 진학을 어떻게 하겠냐고 핀잔을 주었다. 내담자는 2학년 1학기 중간고사 성적이 매우 나쁘게 나온 이후로 음식을 많이 먹어서 체중이 급격히 증가하였고, 어머니가 살찌는 것을 나무라서 자주 심하게 다투었다. 1학기 기말고사 성적표가 나온 날 어머니가 먹기만 하고 공부를 안 하니까 성적이 이렇게 나오는 것이라고 비난을 하였다. 그날 부모님이 외출한 사이에 내담자는 '좋은 딸이 되지 못해서 미안하다. 그래도 오빠가 있으니까 엄마는 괜찮을 거다.' 라는 메모를 써 놓고 어머니가 먹는 수면제를 몰래 가져다가 과다 복용을 하여 자살시도를 하였다. 오빠가 내담자를 발견하고 응급실에 데려가 위험한 일은 일어나지 않았다. 자살시도로 정신과 진료를 받았고 우울 진단을 받고 치료실에 의뢰되어 미술치료를 진행하였다.

내담자와의 미술치료에서는...

　내담자는 이순구 화가의 그림들을 보면서 그림 속의 아이가 자신의 오빠를 닮았다고 하였다. 오빠는 잘 웃고, 친절하고, 인기도 많고, 공부도 잘하고, 어머니의 기대를 많이 받는 아들이라고 하였다. 어머니가 오빠와 자신을 비교해서 예전에는 오빠가 너무 미웠는데 치료를 받으면서 어머니 때문에 오빠가 불쌍하다는 생각도 들었다고 하였다. 내담자는 작품 속의 웃는 모습을 흉내 내며 거울을 보기도 하고 휴대폰으로 사진을 찍어 보면서 웃을 때 근육이 참 많이 움직이는 것 같다며 재미있다고 하였다.

　내담자는 자신을 웃게 하는 것은 오빠에게 생일 선물로 받은 만화 라바의 '레드'인형인데 살짝 건드릴 때마다 웃음 소리가 나서 따라 웃게 된다고 하였다. 그리고 학교에서 급식시간이 다가오면 음식 냄새가 나는데 자신이 급식 메뉴를 맞추면 친구들이 대단하다고 하면서 같이 웃는다고 하였다. 가장 많이 웃을 때는 신나는 놀이기구를 탈 때이고 놀이기구를 타는 즐거움은 정말 좋다고 하였다. 그리고 수학여행 때 놀이동산에 갔었는데 놀이기구를 타고 놀다가 지갑을 잃어버려서 직원에게 놀이기구에서 지갑을 보았는지 물어본 적이 있었다고 하였다. 그 직원이 놀이기구 주변을 몇 번이고 같이 돌아보며 지갑을 찾아 주려고 했고, 짜증 한 번 내지 않고 도와주어 너무 고마웠다고 하였다. 지갑을 찾고 나서 그 다음 날 그 직원이 있는 놀이기구를 많이 탔다고 하였다. 이 경험을 통해 사람이 다른 사람에게 웃음을 줄 수 있다는 것이 좋았고, 자신도 다른 사람을 도와주면서 웃을 수 있으면 좋을 것 같다고 하였다.

내담자는 놀이기구와 놀이동산의 직원 그리고 자신을 그렸다. 자신을 기분 좋게 하는 색이라고 하며 초록색을 선택하였고, 땅은 황토색이라고 하며 두 가지 색의 도화지를 붙여서 속지를 만들었다. 겉표지는 레드인형과 같은 빨간색이 좋겠다고 하며 팝업북을 건드리면 인형처럼 웃음이 나오면 재미있겠다고 하였다. 잡지에서 놀이동산 이미지를 찾아 붙여서 표지를 완성하였다.

팝업북 표지

내담자의 팝업북: 행복한 날

웃음과 유머를 사용하고 싶은 상황으로 어머니가 고등학교 진학에 대해 이야기를 할 때라고 하였다. 또 학교에서 시험결과가 나왔는데 자신은 성적이 떨어졌는데 친구는 성적이 올랐다고 좋아할 때 우울해지는데 이럴 때 농담이나 유머가 있으면 기분이 좋아질 것 같다고 하였다. 역할극을 해 보며 크게 웃기만 해도 기분이 좋아지는 것이 신기하다고 하였다. 팝업북은 오빠에게 선물하고 싶다고 하며 오빠는 고3이라서 어머니의 압박 때문에 정신이 없을 것이라서 꼭 필요할 것 같다고 하였다.

사례 2.

우울, 26세, 여

내담자의 우울에 대하여...

　내담자는 중학교 3학년 첫 중간고사 즈음에 학교에서 갑자기 머리가 너무 아파서 조퇴를 하고 병원에 갔었다. CT촬영을 해도 아무런 이상이 없어 정신과 진료를 의뢰 받았고, 정신과에서 우울로 진단을 받고 3개월간 약물치료를 받았다. 그 후로 고등학교 3학년이 되었을 때 비슷한 증상으로 약물치료를 받았다. 대학을 졸업하고 취직을 하였으나 직장 상사와 동료들 사이에서 갈등이 심해 직장을 그만두었다. 이후 구직활동이 잘되지 않아 극심한 스트레스를 받고 있었다. 이전의 우울증과 달리 약물을 복용해도 잘 회복이 되지 않았고 구직기간이 길어질수록 우울증이 점점 깊어졌다. 세상에는 자신을 받아 줄 회사는 없다는 생각이 들고 이력서를 넣으면서도 '연락이 오기나 하겠어. 다 소용없는 짓이야.'라는 생각이 들어서 적극적으로 구직활동을 하지 않고 있었다. 사람들을 만나기 싫어하고 외출을 하지 않는 날이 많았고 낮 동안 빈 벽을 보며 침대에 누워 지냈다. 새벽에 자주 깨고 초조하고 '나는 아무짝에도 쓸모없는 사람이야.' '죽어야겠다.'는 생각에 사로잡혔다. 내담자는 우울한 기분이 지속되고 무가치감을 느꼈다. 죽고 싶다는 생각이 자주 들어 약물치료와 병행하여 미술치료를 하였다.

내담자와의 미술치료에서는...

　내담자는 이순구 화가의 작품을 보면서 그림 속의 아이는 아무 걱정이 없어 보인다고 하며 아이들이 웃는 모습은 정말 사랑스럽다고 하였다. 그리고 자신도 어렸을 때는 그랬던 것 같다고 하였다. 그림을 보고 웃는 모습을 흉내 내면서 처음에는 어색해 했지만 몇 차례 해 보더니 자신이 웃을 때는 주름이 많이 생긴다고 하며 눈가 주름을 손으로 잡아 당기기도 하고 입고리를 올려 보기도 하며 표정을 만들며 웃었다. 내담자를 웃게 하는 것을 찾아보도록 하자 별로 없는 것 같다고 하였다. 내담자가 방금 웃었고 무엇 때문에 웃었는지를 이야기 나누며 자신을 웃게 하는 것에 대해 이야기를 해 나갔다.

내담자는 어린 아이들을 보면 순수하고 기분이 좋아지고 웃게 된다고 하며 아기처럼 세상에 맑은 사람들만 있으면 정말 세상이 행복할 것이라고 하였다. 어린 아이는 병아리 색이 어울린다고 하며 노란색 색지를 선택해서 아기 얼굴을 그렸다. 아기는 웃을 때 눈이 보이지 않는다고 하였고, 그러고 보니 자신도 웃을 때 눈이 보이지 않는다고 하며 크게 웃었다.

내담자는 여동생이 애교를 부리면 웃는다고 하였다. 동생은 내담자에게는 물론이고 무서운 아빠에게도 애교를 부려서 웃게 하는 능력이 있다고 하며 집안의 분위기 메이커라고 하였다. 내담자와는 다르게 사람들과도 잘 어울리고 활발해서 인기가 많다고 하였다. 집에서 심심할 때 동생에게 장난을 걸기도 한다고 하며 자신에게는 정말 좋은 친구 같다고 하였다. 활발하고 에너지가 많은 동생이라서 빨간색 색지를 선택했다고 하였다.

내담자는 영화를 좋아하는데 그 중에서도 트랜스포머와 17again을 특히 좋아한다고 하였다. 지금까지 20번도 넘게 보았다고 하며 우울한 기분이 들 때 보고 있으면 기분이 좋아진다고 하였다. 기분이 좋아지는 것은 노란색이라고 하며 노란색 색지를 선택하였다.

트와일라잇을 보고 있으면 기분이 좋아지는데 그 이유는 훈남 배우 때문이라고 하며 로버트 패틴슨은 그냥 보고만 있어도 웃음이 나온다고 하였다. 창백한 얼굴이 매력적이고 뚜렷한 이목구비와 겉으로 보기엔 까칠하지만 속은 따뜻한 남자 같다고 하였다. 스키, 스노우보드 같은 운동도 잘하고 음악도 잘하는데 키보드 연주하는 장면은 정말 멋지다고 하였다. 내담자는 배우에 대해 이야기하며 약간 흥분되어 즐겁게 이야기하였다. 좋아하는 배우라서 하트 모양이고 따뜻한 주황색을 선택했다고 하였다.

음악을 들으면 기분이 좋아지고 미소를 띠게 된다고 하였다. Bella' llubly, falling slowly 같은 조용하고 멜로디가 좋은 음악이 좋다고 하였다. 잠이 오지 않을 때는 음악을 듣는데 밤에 혼자 음악을 듣고 있으면 고요하고 편안해진다고 하였다. 노란색 색지를 선택해서 자신의 모습을 그리면서 편안한 미소를 그리고 싶은데 표현이 잘 안 되는 것 같다고 하며 고쳐 그렸다.

내담자는 자신을 웃게 하는 것들이 이렇게 많은지 몰랐다고 하며 즐거운 팝업북이라고 하였다. 내담자는 팝업북을 가지고 가서 우울한 기분이 들어서 힘들 때 펼쳐 보고 싶다고 하였다. 그리고 사람들을 만나고 나면 많이 지치고 피곤해지는데 팝업북을 펼쳐 놓고 무엇을 하며 기분을 풀어 볼지 고르면 재미있을 것 같다고 하였다. 팝업북은 먼저 자신에게 선물하고 싶고, 자신 때문에 힘든 어머니에게 만들어 주면 좋겠다고 하였다. 내담자의 어머니는 직장생활을 하고 있는데 내담자가 집에 혼자 있는 것이 걱정이 되어 수시로 전화를 한다고 했다. 어머니의 전화를 받는 것이 좋기도 하지만 걱정하게 하는 것이 미안하기도 하다고 하였다.

내담자의 팝업북: 즐거운 팝업북

▎Tip

1. 웃음이 어색할 경우 웃음소리를 내는 인형이나 스마트폰 앱 중 최고의 웃음소리 위젯 등을 활용하여 웃음소리를 흉내 내며 연습해도 좋다.

2. 웃는 얼굴 작품에는 대표적인 작품으로 이순구 화가의 웃는 얼굴 작품들이 있다.

외상후 스트레스장애

외상후 스트레스장애와 만나는 여섯 달

알고 가기

함께 가기

알고 가기

외상사건을 경험한 사람은 그 충격과 후유증으로 인해 심각한 부적응 증상을 나타내는 경우가 흔하다. 외상사건을 비롯한 다양한 스트레스 사건의 경험으로 인해 겪게 되는 심리적 문제들은 외상 및 스트레스 관련 장애(Trauma-and Stressor-Related Disorders, DSM-5)의 범주에 포함된다.

외상 및 스트레스 관련 장애의 주된 특징은 외부세계에서 주어진 환경적인 스트레스 사건과 그에 대한 개인의 부적응 반응이다. 외상 및 스트레스 관련 장애에는 반응성 애착장애, 탈억제성 사회적 유대감 장애, 외상후 스트레스장애, 급성 스트레스장애, 적응장애가 포함된다.

이 책에서는 충격적인 외상사건을 경험한 이후 1개월 이내로 나타나는 재경험 증상과 회피행동이 핵심증상인 급성 스트레스장애와 충격적인 외상 사건을 경험한 이후 1개월 이상 지속되는 재경험 증상과 회피행동이 핵심증상인 외상후 스트레스장애(Posttraumatic Stress Disorder: PTSD)에 대해 살펴보고자 한다.

1. 외상후 스트레스장애 정의

우리는 매일 일어나는 크고 작은 수많은 사건의 연속 속에서 살고 있다. 그런데 어떤 사건들은 너무 강력하고 충격적이어서 우리의 마음에 극심한 고통과 혼란을 유발할 뿐만 아니라 오랜 세월이 지난 후에도 여전히 고통스러운 심리적 상처를 남기기도 한다. 이처럼 외부로부터 주어진 충격적인 사건에 의해서 입은 심리적 상처가 바로 외상, 즉 트라우마(trauma)다.

외상후 스트레스장애는 이러한 충격적인 외상사건을 경험하고 난 후에 다양한 심리적 부적응 증상이 나타나는 경우를 말한다.

외상후 스트레스장애는 폭풍, 지진, 눈사태, 테러, 전쟁, 성폭행, 자동차 사고, 항공기 사고, 화재 등 충격적인 사건을 경험한 후 발생되는 심리적 장애를 의미한다. 또한 커다란 사건 외에도 왕따, 이혼, 가족의 죽음, 진급누락, 실직 등 개인적인 경험에 의해 발병이 될 수도 있다(임재호, 2014).

1) 외상후 스트레스장애 진단기준(DSM-5)

진단기준	309.81 (F43.10)

주의점: 이 기준은 성인, 청소년 그리고 7세 이상의 아동에게 적용한다. 6세 또는 더 어린 아동을 위해서는 다음의 해당 기준을 보기 바란다.

A. 실제적이거나 위협적인 죽음, 심각한 부상, 또는 성폭력에의 노출이 다음과 같은 방식 가운데 한 가지(또는 그 이상)에서 나타난다.

1. 외상성 사건(들)에 대한 직접적인 경험

2. 그 사건(들)이 다른 사람들에게 일어난 것을 생생하게 목격함

3. 외상성 사건(들)이 가족, 가까운 친척 또는 친한 친구에게 일어난 것을 알게 됨

    주의점: 가족, 친척 또는 친구에게 생긴 실제적이거나 위협적인 죽음은 그 사건(들)이 폭력적이거나 돌발적으로 발생한 것이어야만 한다.

4. 외상성 사건(들)의 혐오스러운 세부 사항에 대한 반복적이거나 지나친 노출의 경험(예, 변사체 처리의 최초 대처자, 아동 학대의 세부 사항에 반복적으로 노출된 경찰관)

    주의점: 진단기준 A4는 노출이 일과 관계된 것이 아닌 한 전자미디어, 텔레비전, 영화 또는 사진을 통해 노출된 경우는 적용되지 않는다.

B. 외상성 사건(들)이 일어난 후에 시작된, 외상성 사건(들)과 관련이 있는 침습 증상의 존재가 다음 중 한 가지 (또는 그 이상)에서 나타난다.

1. 외상성 사건(들)의 반복적, 불수의적이고, 침습적인 고통스러운 기억

    주의점: 7세 이상의 아동에서는 외상성 사건(들)의 주제 또는 양상이 표현되는 반복적인 놀이로 나타날 수 있다.

2. 꿈의 내용과 정동이 외상성 사건(들)과 관련되는 반복적으로 나타나는 고통스러운 꿈

　　　주의점: 아동에서는 내용을 알 수 없는 악몽으로 나타나기도 한다.

　3. 외상성 사건(들)이 재생되는 것처럼 그 개인이 느끼고 행동하게 되는 해리성 반응(예, 플래시백) (그러한 반응은 연속선상에서 나타나며, 가장 극한 표현은 현재 주변 상황에 대한 인식의 완전한 소실일 수 있음)

　　　주의점: 아동에서는 외상의 특정한 재현이 놀이로 나타날 수 있다.

　4. 외상성 사건(들)을 상징하거나 닮은 내부 또는 외부의 단서에 노출되었을 때 나타나는 극심하거나 장기적인 심리적 고통

　5. 외상성 사건(들)을 상징하거나 닮은 내부 또는 외부의 단서에 대한 뚜렷한 생리적 반응

C. 외상성 사건(들)이 일어난 후에 시작된, 외상성 사건(들)과 관련이 있는 자극에 대한 지속적인 회피가 다음 중 한 가지 또는 2가지 모두에서 명백하다.

　1. 외상성 사건(들)에 대한 또는 밀접한 관련이 있는 고통스러운 기억, 생각 또는 감정을 회피 또는 회피하려는 노력

　2. 외상성 사건(들)에 대한 또는 밀접한 관련이 있는 고통스러운 기억, 생각 또는 감정을 불러일으키는 외부적 암시(사람, 장소, 대화, 행동, 사물, 상황)를 회피 또는 회피하려는 노력

D. 외상성 사건(들)이 일어난 후에 시작되거나 악화된, 외상성 사건(들)과 관련이 있는 인지와 감정의 부정적 변화가 다음 중 2가지(또는 그 이상)에서 나타난다.

　1. 외상성 사건(들)의 중요한 부분을 기억할 수 없는 무능력(두부 외상, 알코올 또는 약물 등의 이유가 아니며 전형적으로 해리성 기억상실에 기인)

　2. 자신, 다른 사람 또는 세계에 대한 지속적이고 과장된 부정적인 믿음 또는 예상(예, "나는 나쁘다." "누구도 믿을 수 없다." "이 세계는 전적으로 위험하다." "나의 전체 신경계는 영구적으로 파괴되었다.")

　3. 외상성 사건(들)의 원인 또는 결과에 대하여 지속적으로 왜곡된 인지를 하여 자신 또는 다른 사람을 비난함

　4. 지속적으로 부정적인 감정 상태(예, 공포, 경악, 화, 죄책감 또는 수치심)

　5. 주요 활동에 대해 현저하게 저하된 흥미 또는 참여

　6. 다른 사람과의 사이가 멀어지거나 소원해지는 느낌

　7. 긍정적 감정을 경험할 수 없는 지속적인 무능력(예, 행복, 만족 또는 사랑의 느낌을 경험할 수 없는 무능력)

E. 외상성 사건(들)이 일어난 후에 시작되거나 악화된, 외상성 사건(들)과 관련이 있는 각성과 반응

성의 뚜렷한 변화가 다음 중 2가지(또는 그 이상)에서 현저하다.

1. (자극이 거의 없거나 아예 없이) 전형적으로 사람 또는 사물에 대한 언어적 또는 신체적 공격성으로 표현되는 민감한 행동과 분노폭발

2. 무모하거나 자기파괴적 행동

3. 과각성

4. 과장된 놀람 반응

5. 집중력의 문제

6. 수면 교란(예, 수면을 취하거나 유지하는 데 어려움 또는 불안정한 수면)

F. 장애(진단기준 B, C, D 그리고 E)의 기간이 1개월 이상이어야 한다.

G. 장애가 사회적, 직업적, 또는 다른 중요한 기능 영역에서 임상적으로 현저한 고통이나 손상을 초래한다.

H. 장애가 물질(예, 치료약물이나 알코올)의 생리적 효과나 다른 의학적 상태로 인한 것이 아니다.

다음 중 하나를 명시할 것:

해리 증상 동반: 개인의 증상이 외상후 스트레스장애의 기준에 해당하고, 또한 스트레스에 반응하여 그 개인이 다음에 해당하는 증상을 지속적이거나 반복적으로 경험한다.

1. **이인증:** 스스로의 정신 과정 또는 신체로부터 떨어져서 마치 외부 관찰자가 된 것 같은 지속적 또는 반복적 경험(예, 꿈속에 있는 느낌, 자신 또는 신체의 비현실감 또는 시간이 느리게 가는 감각을 느낌)

2. **비현실감:** 주위 환경의 비현실성에 대한 지속적 또는 반복적 경험(예, 개인을 둘러싼 세계를 비현실적, 꿈속에 있는 듯한, 멀리 떨어져 있는, 또는 왜곡된 것처럼 경험)

주의점: 이 아형을 쓰려면 해리 증상은 물질의 생리적 효과(예, 알코올 중독 상태에서의 일시적 기억상실, 행동)나 다른 의학적 상태(예, 복합 부분 발작)로 인한 것이 아니어야 한다.

다음의 경우 명시할 것:

지연되어 표현되는 경우: (어떤 증상의 시작과 표현은 사건 직후 나타날 수 있더라도) 사건 이후 최소 6개월이 지난 후에 모든 진단기준을 만족할 때

2. 외상후 스트레스장애 특성

1) 인지적 증상

시간에 대한 기억이 자신의 의도와는 상관없이 불쑥불쑥 떠오르는 재경험 증상, 자신을 둘러싼 것들이 비현실적이거나 꿈같이 느껴지는 비현실감이나 마음과 몸이 분리된 듯 자기 몸이 비현실적으로 느껴지는 이인화와 같은 해리 반응이 있고, 사건과 관련된 기억 회상과 주의 집중에 어려움이 있다.

2) 정서적 증상

과각성 상태로 쉽게 짜증을 내거나 화를 내고 조금만 건드려도 분노, 짜증이 폭발하여 소리를 지르고 신체적 공격을 하거나 물건을 던진다. 복수하거나 사건을 바로잡는 상상을 반복적으로 한다. 소리에 민감하고 과한 경계나 조심을 하는데 이는 침습적인 기억이 오는지 '망보고 있는' 상태를 나타낸다. 그리고 더 이상 상처를 입지 않도록 지나치게 조심하여 안전에 대한 강박적 염려를 보인다. 부정적인 정서적 반응(죄책감, 절망, 무망감, 무력감, 수치심, 분노 등)과 정서조절의 어려움을 나타낸다.

3) 행동적 증상

사건의 기억을 떠올리게 하는 사람, 장소, 물건, 대화, 활동, 상황 등을 피하고 생각, 감정, 신체감각에 대한 회피 증상이 나타난다. 회피하기 위한 도구로 강박적인 걱정, 지나친 물질 사용 등을 한다. 성적 충동이나 행동 조절의 어려움, 극단적 위험 감수 행동, 자기 파괴 행동, 자살 몰두, 신체화 증상 등을 보인다. 그리고 잠들거나 깊은 수면이 어려운 수면문제가 나타난다.

4) 자기지각

자신이 영구적으로 손상된 느낌을 가지고 자신에 대한 지속적이고 과장된 부정적 믿음과 왜곡된 인지로 자기 비난과 자기 경시를 한다.

5) 대인관계

타인을 불신하고 반복해서 피해자의 역할을 한다. 또는 타인에게 해를 가하거나 복종-지배하기 관계 패턴, 이용하기-이용당하기 관계 패턴을 보인다.

3. 급성 스트레스장애 정의

급성 스트레스장애(Acute Stress Disorder)는 외상 사건을 직접 경험했거나 목격하고 난 직후에 나타나는 부적응 증상들이 3일 이상 1개월 이내의 단기간 동안 지속되는 경우다.

급성 스트레스장애는 증상의 지속 기간이 짧다는 점 이외에는 주요 증상과 진단기준이 외상후 스트레스장애와 매우 유사하다(권석만, 2014).

1) 급성 스트레스장애 진단기준

진단기준	308.3 (F43.0)
A. 실제적이거나 위협적인 죽음, 심한 부상, 또는 성폭력에의 노출이 다음과 같은 방식 가운데 한 가지(또는 그 이상)에서 나타난다. 1. 외상성 사건(들)에 대한 직접적인 경험 2. 그 사건(들)이 다른 사람들에게 일어난 것을 생생하게 목격함	

3. 외상성 사건(들)이 가족, 가까운 친척 또는 친한 친구에게 일어난 것을 알게 됨

   주의점: 가족, 친척 또는 친구에게 생긴 실제적이거나 위협적인 죽음의 경우에는 그 사건(들)이 폭력적이거나 돌발적으로 발생한 것이어야만 한다.

4. 외상성 사건(들)의 혐오스러운 세부 사항에 대한 반복적이거나 지나친 노출의 경험(예, 변사체 처리의 최초 대처자, 아동 학대의 세부 사항에 반복적으로 노출된 경찰관)

   주의점: 진단기준 A4는 노출이 일과 관계된 것이 아닌 한, 전자미디어, 텔레비전, 영화 또는 사진을 통해 노출된 경우는 적용되지 않는다.

B. 외상성 사건이 일어난 후에 시작되거나 악화된 침습, 부정적 기분, 해리, 회피와 각성의 5개의 범주 중에서 어디서라도 다음 증상 중 9가지(또는 그 이상)에서 존재한다.

침습 증상

1. 외상성 사건(들)의 반복적, 불수의적이고, 침습적인 고통스러운 기억

   주의점: 아동에서는 외상성 사건(들)의 주제 또는 양상이 표현되는 반복적인 놀이가 나타날 수 있다.

2. 꿈의 내용과 정동이 외상성 사건(들)과 관련되는 반복적으로 나타나는 고통스러운 꿈

   주의점: 아동에서는 내용을 알 수 없는 악몽으로 나타나기도 한다.

3. 외상성 사건(들)이 재생되는 것처럼 그 개인이 느끼고 행동하게 되는 해리성 반응(예, 플래시백) (그러한 반응은 연속선상에서 나타나며, 가장 극한 표현은 현재 주변 상황에 대한 인식의 완전한 소실일 수 있음)

   주의점: 아동에서는 외상의 특정한 재현이 놀이로 나타날 수 있다.

4. 외상성 사건(들)을 상징하거나 닮은 내부 또는 외부의 단서에 노출되었을 때 나타나는 극심하거나 장기적인 심리적 고통 또는 현저한 생리적 반응

부정적 기분

5. 긍정적 감정을 경험할 수 없는 지속적인 무능력(예, 행복, 만족 또는 사랑의 느낌을 경험할 수 없는 무능력)

해리 증상

6. 주위 환경 또는 자기 자신에의 현실에 대한 변화된 감각(예, 스스로를 다른 사람의 시각에서 관찰, 혼란스러운 상태에 있는 것, 시간이 느리게 가는 것)

7. 외상성 사건(들)의 중요한 부분을 기억하는 데의 장애(두부 외상, 알코올 또는 약물 등의 이유가 아니며 전형적으로 해리성 기억상실에 기인)

회피 증상

8. 외상성 사건(들)에 대한 또는 밀접한 관련이 있는 고통스러운 기억, 생각 또는 감정을 회피하려는 노력

9. 외상성 사건(들)에 대한 또는 밀접한 관련이 있는 고통스러운 기억, 생각 또는 감정을 불러일으키는 외부적 암시(사람, 장소, 대화, 행동, 사물, 상황)를 회피하려는 노력

각성 증상

10. 수면 교란(예, 수면을 취하거나 유지하는 데 어려움 또는 불안한 수면)

11. 전형적으로 사람 또는 사물에 대한 언어적 또는 신체적 공격성으로 표현되는 민감한 행동과 분노폭발(자극이 거의 없거나 아예 없이)

12. 과각성

13. 집중력의 문제

14. 과장된 놀람 반응

C. 장애(진단기준 B의 증상)의 기간은 외상 노출 후 3일에서 1개월까지다.

주의점: 증상은 전형적으로 외상 후 즉시 시작하지만, 장애 기준을 만족하려면 최소 3일에서 1개월까지 증상이 지속되어야 한다.

D. 장애가 사회적, 직업적, 또는 다른 중요한 기능 영역에서 임상적으로 현저한 고통이나 손상을 초래한다.

E. 장애가 물질(예, 치료약물이나 알코올)의 생리적 효과나 다른 의학적 상태(예, 경도 외상성 뇌손상)로 인한 것이 아니며 단기 정신병적 장애로 더 잘 설명되지 않는다.

4. 급성 스트레스장애 특성

1) 특징적 증상의 발달

급성 스트레스장애의 주요 특성은 한 가지 또는 그 이상의 외상성 사건에 대한 노출에 따르는 3일에서 1개월까지 지속되는 특징적 증상의 발달이다.

2) 외상성 사건에 대한 재경험

개인마다 다양할 수 있으나 전형적으로 외상성 사건에 대한 반복적이고 침습적인 회상을 하게 된다. 이런 침습적인 기억은 감각적이고 감정적이며 생리적인 요소를 포함한다.

3) 해리증상

해리증상은 강력한 외상에 노출되었을 때 자신을 보호하기 위한 기능으로 보이는데 해리는 기억이나 의식의 통합적 기능이 교란되거나 변질된 상태. 고통스러운 현실의 부정을 통해 비현실감, 이인증(자신을 낯설게 여기는 증상), 정서적 마비, 기억상실 등을 경험하게 된다. 외상성 노출 후 3일 이상 지속되는 해리증상일 경우 급성 스트레스장애의 진단이 고려된다.

4) 외상성 사건을 상징하는 유발 사건에 대한 고통

외상성 사건의 일면을 닮거나 상징하는 유발 사건에 노출되었을 때, 특히 신체적 감각이 유발 요인인 경우 극심한 심리적 고통이나 생리적 반응성을 경험한다.

5) 인식의 변화

자신을 낯설게 여기는 이인증, 자신 스스로부터 분리된 느낌, 비현실감, 스스로의 환경에 대한 왜곡된 시각을 가지는 것을 포함한 인식의 변화를 경험하게 된다.

6) 외상과 관련된 자극의 지속적 회피

외상성 경험을 보도하는 뉴스 시청을 피하거나 외상이 일어났던 일터로 가는 것을 거부하는 것, 같은 외상성 경험을 공유했던 사람과 교류하는 것을 피하는 것 등 외상성 경험에 대한 감정적 반응의 인식을 최소화하기 위해 회피 전략에 몰두한다.

7) 수면문제

수면 개시 및 유지에 문제를 경험한다. 이러한 수면의 어려움은 수면을 방해하는 악몽을 꾸거나 일반적으로 각성이 상승되어 있기 때문으로 보인다.

8) 집중력의 장애

전화번호 같은 일상 사건을 기억하는 데 어려움을 겪거나 또는 집중된 업무에 주의를 기울이는 데 어려움을 겪게 된다.

9) 기대하지 않은 자극에 과반응

큰 소리나 예상되지 않은 움직임에 고조된 놀람 반응을 보이거나 전화벨 같은 소리에 뛰어오르기도 한다.

함께 가기

1 외상경험 인식하기

짚고 가기

　급성 스트레스장애가 치료적 중재를 받지 못하면 외상후 스트레스장애로 이어지게 된다. 외상후 스트레스장애 치료 시 외상사건을 다루기 이전에 내담자의 압도적인 정서적 경험들을 진정시키는 안정화 작업이 가장 중요하고 우선되어야 한다. 반복적인 대인관계의 외상일 경우는 특히 안정화 작업이 중요하다. 외상을 가진 내담자는 외상사건을 떠올릴 때 몸의 반응을 잘 관찰하여 각성수준이 지나치게 자극되거나 두려움이 공포수준으로 변하여 경직되고 무력해지는 상황에 놓이지 않고 적응적인 기능 수준에서 안정된 상태를 유지하는 것이 필요하다. 이를 위해 호흡훈련이나 안전한 장소로 이동하는 이미지 연습을 선행하고 외상사건에 대해 다루는 과정에서 심리적 균형이 깨지려고 하는 순간마다 안정화 작업을 통해 심리적인 안정을 돕는다. 미술치료에서는 호흡을 그리거나 안전한 장소를 그림으로 시각화하여 활용하기도 한다.

　이 책에서는 단일 외상으로 현재의 기능수준이 높고 건강한 지지체계가 있는 경우이거나 안정화 작업이 이미 선행이 되어 외상사건을 다룰 수 있는 상태에 이른 내담자에게 적용 가능한 기법들을 소개하고자 한다.

　외상을 경험하고 나면 외상사건과 관련 있는 다양한 자극과 상황을 회피하게 된다. 특히 외상경험을 떠올리게 하는 물건, 냄새, 소리, 장소, 사람을 적극적으로 피하게 된다. 이는 심리적 고통을 느끼고 싶지 않기 때문이다. 이러한 회피반응은 심한 고통과 불안으로 인한 방어기제로 외상경험 후 초기에는 보호하는 기능을 담당하지만 오랜 기간 지속된다면 부적응을 초래하고 고통스러운 증상을 유지하게 만들기도 한다. 또한 회피반응은 외상사건에 대처하는 능력을 감소시킨다. 외상에 대해 떠올리거나 기억하는 것이 위험하게 느껴지지만 그 자체가 위험한 것은 아니다. 안전한 환경에서 외상에 대해 기록하고 노출하는 것은 증상을 완화하는 데 도움이 된다. 외상을 떠올리게 하는 촉발요인을 확인하여 인식하고 나면,

자신의 반응을 통제하거나 반응하지 않도록 할 수 있다.

몸은 감정을 담는 그릇이다. 외상경험은 강력한 감정을 유발하기 때문에 음식을 갑자기 너무 많이 먹어서 소화가 안 되어 덩어리가 그대로 몸에 남아 있는 상태와 유사하게 생각할 수 있다. 치료는 소화를 돕는 과정으로 비유할 수 있다. 감정이 잘 소화될 수 있도록 감정이 담긴 몸을 잘 돌보도록 지속적으로 격려하는 과정이 필요하다. 그리고 외상사건에 대해 자세하게 설명하는 과정에서 내담자의 기억에서 빠진 부분을 채워 나가게 된다. 빠진 기억에 대한 정보가 추가되고, 정리되지 않은 순서들이 정리되는데 이를 통해 기억통합의 수준이 높아지며 왜곡되었던 의미가 재구성될 수 있다.

외상경험을 그림 속에 숨겨 그리는 과정은 은유와 상징을 통해 외상을 안전하게 노출하는 경험을 제공할 수 있다. 소화의 과정처럼 외상을 상징하는 덩어리를 잘게 부수고 흘려보내는 과정을 통해 외상경험으로 인한 어려움을 해소하는 과정을 상징적으로 경험할 수 있다. 밀가루 반죽으로 입을 만들어 외상사건에 대해 하지 못한 말이나 하고 싶은 말을 보다 구체적으로 표현하도록 도울 수 있다.

숨은 그림

█ 목표
1. 외상경험을 은유와 상징으로 표현할 수 있다.
2. 외상경험을 안전하게 노출시킬 수 있다.

█ 준비물
명화〈그랑드 자트 섬의 일요일 오후〉, 볼펜

█ 활동방법
1. 쇠라의 〈그랑드 자트 섬의 일요일 오후〉의 그림을 감상하며 떠오르는 느낌을 이 야기 나눈다(편안히 쉬고 있는 사람들의 모습, 여유롭게 이야기 나누는 모습 등).
2. 외상경험으로 인해 현재 자신을 힘들게 만드는 기억, 잊고 싶은 기억 등을 떠올린다.
3. 떠오른 기억들을 쇠라의 〈그랑드 자트 섬의 일요일 오후〉의 그림 속에 숨은 그림 처럼 볼펜으로 눈에 띄지 않게 숨겨 그린다.
4. 숨은 그림처럼 눈에 띄지 않게 그린 느낌에 대해 이야기 나눈다.
5. 눈에 띄지 않게 그린 숨은 그림처럼 실제로 외상경험을 덜 고통스럽게 표현할 수 있는 방법에는 어떠한 것이 있는지 이야기 나눈다.
6. 활동 후 느낀 점에 대해서 이야기 나눈다.

사례 1.

외상후 스트레스장애, 30세, 여

내담자의 외상에 대하여...

내담자는 일 년 전 혼자 밤길을 운전하던 중 교차로에서 신호를 무시하고 회전하던 차와 부딪혀 내담자의 차가 인도의 가로등을 들이받고 전복되는 큰 사고가 났다. 차가 뒤집혀 거꾸로 보이던 신호등과 요란한 사이렌소리가 내담자가 기억하는 사고기억의 전부였다. 교통사고 후유증으로 심각한 장기 손상을 입어 두 차례의 수술을 하였다. 사고 이후 병원에 입원해 있으면서도 계속해서 차에 타고 있는 것 같은 기분이 들어서 어깨가 뻐근해질 정도로 긴장을 하고 있다가 병원임을 인식하고서 안심을 하고 잠드는 날이 대부분이었다. 잠을 자면서도 깊게 자지 못하고 악몽을 거의 매일 꾸었다. 수술 후 회복되는 동안 휠체어를 타고 다녔는데 휠체어를 타고서도 코너를 돌게 되면 사고기억이 나서 움직일 수 없었다. 퇴원 후 과속하거나 교차로에서 회전하는 차를 타게 되면 자신도 모르게 소리를 지르고 눈을 감았다. 차를 타면 사고 당시 거꾸로 보이던 신호등이 떠올라 눈을 감게 되고 어쩌다 구급차가 지나가는 소리를 듣게 되어도 소름이 돋았다. 순간순간 자신의 옆으로 차가 달려와 칠 것만 같은 기분이 느껴져 사고 후 일 년이 지난 지금도 차를 타는 것은 매우 힘든 일이며 차를 타게 되면 불안하여 눈을 감고 있다.

내담자와의 미술치료에서는...

명화를 보면서 사고가 나기 전 여행을 갔을 때의 경험이 떠오른다고 이야기하였다. 쉬고 있는 사람들이 편안해 보인다는 느낌을 말하며 자신도 휴식다운 휴식을 가져 보고 싶다고 이야기하였다.

외상경험으로 인해 현재 내담자를 힘들게 하는 기억들을 상징적으로 나타내어 명화 속에 눈에 띄지 않게 숨겨 그려 보도록 하자 신호등, 구급차, 수술실 전등, 링거병, 주사를 그리고 명화의 초록색은 수술복이 떠오른다고 하였다. 사고가 났던 날 거꾸로 보이던 신호등과 구급차의 사이렌 소리가 기억이 난다고 하여 일 년이 지난 지금도 구급차 사이렌 소리와 신호등을 보면 그날의 기억이 떠올라 눈을 감거나 귀를 막게 된다고 하였다. 또 그 밖에 장기 손상으로 장기간 입원과 수술을 하게 되어 병원에서 볼 수 있는 물건들을 말하였다. 특히 TV 드라마에서 수술 장면이 나올 때마다 수술대에 누웠을 때 보였던 수술실 전등이 생각나서 소름이 돋아 TV를 꺼 버리기도 했다고 하였다. 초록색의 수술복과 비슷한 색의 물건만 보아도 수술실에서의 기억이 떠올라 그 물건을 잡지 못하고 떨어뜨린 경험도 이야기하였다.

　　내담자는 숨은 그림처럼 눈에 띄지 않게 그린 후 정말 찾기 힘들 것 같다고 하며 매우 신기해하였다. 명화 속에 하나씩 눈에 띄지 않게 그리면서 떠올리는 것조차 고통이고 힘든 기억인데 이야기를 할 수 있게 되어 신기하고 한편으로는 편안한 마음도 느껴진다고 말하였다.

　　외상경험을 덜 고통스럽게 표현할 수 있는 방법을 질문하자 자동차에 대한 경험은 좀 더 시간이 필요할 것 같고 병원에서의 힘든 기억은 다시 건강하게 살 수 있게 하기 위한 경험으로 생각한다면 덜 고통스러워질 것 같다고 말하였다.

외상경험을 숨겨 그린 모습

외상경험이 숨겨져 있는 곳
(숨은 그림: 구급차, 신호등, 수술실 전등, 링거, 주사)

사례 2.

외상후 스트레스장애, 초등3, 여

내담자의 외상에 대하여...

내담자의 아버지는 일정한 직업 없이 술로 하루하루를 보내며 술에 취해 폭언과 과격한 행동을 하는 것이 일상이었다. 이를 참다못한 내담자의 어머니는 내담자가 초등학교 1학년 때 가출을 하였고 내담자는 아버지와 단둘이 지내고 있었다. 그런데 최근 석 달 전 성학대를 받은 것 같다는 담임선생님의 신고로 내담자는 아버지와 격리되어 현재 아동보호전문기관에서 보호 중이다. 담임선생님의 보고에 의하면 내담자는 자신을 부르기 위해 몸을 살짝 건드리거나 실수로 부딪쳐도 소스라치게 놀라고 욕을 하며 화를 내었다. 또 담임선생님께서 내담자의 팔목에 멍 자국이 많아 아버지에게 맞았는지를 묻자 내담자는 울면서 "아버지가 자꾸 이상한 것을 보게 하고 나의 몸을 만지며 TV에서 나오는 장면을 따라 하도록 했어요"라고 하였다. 내담자는 그것이 이상한 행동 같아서 도망을 치다가 아버지에게 팔을 잡혔을 때 멍이 생겼다. 내담자의 아버지는 술을 마시지 않을 때는 내담자를 공주라고 부르며 머리띠나 인형을 선물로 사 주고 사랑한다고 하며 예뻐하였다. 그러나 술을 마시면 내담자를 때리고 겁을 주었고 성인물을 틀어 놓고 내담자에게 TV 장면의 행위를 똑같이 시키며 옷을 벗기고 안고 성기를 만졌다. 아버지가 그러한 행동을 할 때면 너무 이상한 기분이 들어 하지 말았으면 좋겠다는 생각이 들었지만 아버지가 무서워 한 번도 그렇게 말해 본 적은 없었다. 담임선생님의 보고와 보호전문기관 담당자의 보고에 의하면 내담자는 상당히 불안해 보이며 대화를 나누면서도 주의가 흩어져 이야기를 놓치고 상대방이 뭐라고 말하였는지 기억을 하지 못하고 무표정으로 지낸다고 하였다. 또 쉽게 짜증내고 자신의 마음에 맞지 않으면 소리를 지르는 행동으로 주위에 친구들 없이 혼자 지내는 모습을 자주 보였다. 식욕도 없어 밥도 제대로 먹지 않으며 몸 여기저기에는 아버지에게서 맞거나 성인물 모방 행위 시 잡히거나 부딪혀서 생긴 멍 자국이 남아 있다.

내담자와의 미술치료에서는…

  명화를 보고 예쁜 옷을 입었다며 사람들의 옷차림에 관심을 보였고 왼쪽 아래의 남자는 무섭게 보인다고 말하였다. 치료사는 내담자에게 힘들게 하는 기억 또는 잊고 싶은 기억이 있다면 "오늘 이 그림 속에 숨은 그림 찾기를 하듯 눈에 띄지 않게 그려 보자."고 말하였다. 내담자는 처음에 어떤 것을 그려야 할지 몰라 어려워하였지만 그림을 한참 보고 있더니 "아빠를 눈에 띄지 않게 그리고 싶어요."라고 하며 그림 속에 소주병과 소주잔, 아버지가 사 준 머리띠, 침대를 그렸다. 소주병과 소주잔은 늘 술을 마시고 계시던 아버지를 나타낸 것으로 술을 마시면 내담자에게 물건을 던지고 때렸던 기억에 대해 말하였다. 한 번은 아버지가 너무 무서워서 집에 들어가지 못하고 문 밖에 있다가 늦게 들어가서 더 혼난 적도 있다고 하였다. 아버지는 술을 마시지 않으면 자신을 '공주'라고 부르며 예쁜 머리띠를 사 줬다고 말하였다. 술을 마시지 않을 때의 아버지 모습으로 다시 함께 살 수 있게 되었으면 좋겠다는 이야기도 하였다. 그리고 한참을 머뭇거리다가 침대를 아주 연하게 그리며 '이상한 행동'이라고 말하였다. 아버지가 TV를 보며 똑같이 따라 하라고 소리칠 때는 무서웠고 소중한 곳을 만질 때는 소름이 돋았다고 말하며 울었다. 무섭고 이상한 것이라는 생각이 들어서 아무에게도 말할 수 없었다고 하였다. 그리고 자신이 이렇게 말하여 아버지와 이제 같이 살 수 없고 집으로도 갈 수 없을까 봐 무척 걱정이 된다는 이야기를 하면서도 아버지를 만나게 되면 자신을 때릴까 봐 겁이 난다고 불안한 마음을 나타내었다.

  그림을 그린 후 그동안 말할 용기가 나지 않아 절대 할 수 없었던 이야기를 숨겨 그리기를 하며 겨우 말할 수 있어서 좋았고 자신이 그린 그림이 눈에 띄지 않아 안심이 된다고 하였다.

외상경험을 숨겨 그린 모습

외상경험이 숨겨져 있는 곳
(숨은 그림: 침대, 소주잔과 소주병, 하트모양, 리본 머리띠)

▌Tip

〈숨은 그림에 사용된 명화 설명〉

- 화가: 조르주 피에르 쇠라(Georges Pierre Seurat)
- 작품명: 그랑드 자트 섬의 일요일 오후(Sunday Afternoon on the Island of La Grande Jatte)
- 작품 설명: 쇠라는 2년에 걸쳐 이 그림을 완성하였는데 작품에 등장하는 그랑드 자트 섬은 센강 주변에 있는 지역이다. 쇠라가 이 그림을 그릴 당시 파리지앵들의 휴식처인 그랑드 자트의 풍경을 정밀하게 그려 내고자 작품을 완성한 뒤에도 다양한 수정을 가했다고 한다.

그림을 살펴보면 화창한 여름 일요일 오후 휴식을 취하고 있는 사람들의 모습을 관찰할 수 있다. 사람들은 여유로워 보이고 한가롭게 강변을 거닐고 있다. 양산을 쓴 여인, 멋진 옷을 잘 차려 입은 사람들, 엄마와 산책 나온 아이, 애완동물, 잔디밭에서 편히 쉬고 있는 남자, 악기를 연주하는 남자, 데이트를 하는 것 같은 연인 등을 관찰할 수 있다.

소화

▌목표

1. 외상경험으로 인한 어려움을 소화와 연관지어 이해하여 현재 자신의 상태를 인식
   하고 수용할 수 있다.
2. 외상경험으로 인한 어려움이 해소되는 과정을 상징적으로 경험할 수 있다.

▌준비물

딱딱한 매체(견과류, 사과, 당근 등), 절구 또는 강판, 액체(물, 음료수 등), 깔때기 또는
지퍼백, 투명한 호스, 투명 플라스틱 컵, 테이프, 도화지, 수채도구, 유성매직

▌활동방법

1. 우리 몸에서 음식물이 소화되지 않을 때의 경험을 떠올려 보고 신체에 어떤 반응
   이 일어나는지 이야기 나눈다(예: 더부룩함, 매슥거림, 가스 참, 구토 등).
2. 외상경험으로 인한 어려움을 소화되지 않고 몸에 남아 있는 덩어리로 비유하여 소
   화되지 않을 때의 답답함과 불편함에 대해 이야기 나눈다.
3. 딱딱한 매체(예: 견과류, 사과, 당근 등)를 외상경험으로 인한 어려움이라 생각하고
   절구나 강판을 이용하여 작고 부드럽게 만든다.
4. 자신의 외상사건에 이름을 붙이고 투명 플라스틱 컵에 이름을 적는다(이름은 사건

과 전혀 상관이 없어도 되고 단지 그 사건을 지칭하기 위한 이름으로 '그 사건' 'A' 등 모호하거나 중립적인 단어를 사용하여도 좋다. 필요에 따라 컵을 여러 개 사용하여 이름을 붙일 수 있다).

5. 외상사건의 이름을 적은 투명 플라스틱 컵에 딱딱한 매체를 작고 부드럽게 부순 것들을 담고, 액체를 붓는다.

6. 깔때기와 투명한 호스를 테이프로 연결하여 소화기관을 상징하는 모양을 만든다.

7. 싱크대에서 깔때기에 투명 플라스틱 컵의 내용물을 흘려보낸다. 딱딱한 매체의 가루나 부스러기가 남으면 액체를 더 부어 모두 흘려보낸다.

8. 외상경험으로 인한 어려움을 상징하는 덩어리(딱딱한 매체)를 소화시켜 모두 흘려보낸 느낌을 수채도구를 사용하여 도화지에 표현한다.

9. 외상경험으로 인한 어려움을 상징적으로 소화시켜 흘려보낸 느낌과 작품에 대해 이야기 나눈다.

10. 외상경험의 치료과정이 소화의 과정과 같이 한 번에 해결되는 것이 아니라 반복적인 작업이고 자신의 속도에 맞추어 서서히 소화시켜 나가는 과정이 될 것임을 이야기 나눈다.

11. 활동 후 느낀 점에 대해서 이야기 나눈다.

☆ 이렇게도 할 수 있어요

'활동방법 6'에서 지퍼백에 위장의 그림을 그려서 지퍼백의 한쪽 모서리 끝을 잘라서 호스와 연결하여 소화기관을 상징하는 모양을 만든다.

사례 1.

외상후 스트레스장애, 초등6, 남

내담자의 외상에 대하여…

　내담자는 7세 무렵에 유치원에서 바닷가로 캠프를 갔었다. 유치원 아이들과 해변에서 튜브를 타고 있었는데 튜브가 파도에 뒤집히면서 갑자기 물에 빠졌고 큰 파도에 휩쓸려 떠내려가던 내담자를 안전요원이 발견하여 구조되었다. 내담자는 병원으로 이송되었고 신체적으로는 아무런 이상이 없었다. 병원에서 의식은 돌아왔으나 멍한 표정을 짓고, 어머니에게도 아무런 반응이 없고, 말을 하지 않았다. 그날 밤에 악몽을 꾸며 비명을 지르고 한참 동안 울다가 자다 깨어 울기를 반복하였다. 그날 이후 악몽이 계속되어 제대로 잠을 자지 못했다. 잠을 자다가도 작은 소리가 나면 깨어 깊은 수면을 취하지 못했다. 유치원을 가자고 하면 소리를 지르고 바닥에 드러눕고 피하여 유치원을 그만두었다. 집 밖에 나가는 것을 극도로 싫어하고, 짜증을 심하게 내서 약물치료와 심리치료를 1년간 하였다. 학교는 다니게 되었으나 이후로도 바닷가, 수영장, 목욕탕 등 물이 고여 있는 곳을 싫어하고 가지 않으려고 하였다.

　최근에 수학여행으로 놀이공원에 갔는데 반 아이들이 줄을 선 곳이 배를 타고 물을 지나는 놀이기구였다. 내담자가 머뭇거리고 서 있으니 아이들이 "야, 배도 못 타냐?, 찐따냐?"라고 놀려서 억지로 놀이기구를 타게 되었다. 아이들이 떠밀어서 내담자는 놀이기구의 맨 앞자리에 앉게 되었는데 온몸에 물이 튀고, 물이 입으로도 들어갔다. 놀이기구에서 내려서 구토를 하고, 얼굴이 빨개져서 숨을 제대로 쉬지 못하였다. 그날 밤에는 자신의 몸에 물이 쏟아지는 느낌이 자꾸 들고 물에 닿은 몸이 움직여지지 않는 느낌이 들어서 잠을 자지 못하고 다음 날 이동하는 버스에서 졸다가 악몽을 꾸고 놀라서 소리를 지르며 깼다. 아이들이 옆에서 놀이기구 이야기를 하는데 내담자가 갑자기 괴성을 지르고 물건을 던져서 주변에 있던 아이가 맞아서 다쳤다. 반 아이가 단체카톡방에 '○○○, 놀이기구도 못타는 찐따, 우엑~'이라고 써서 내담자는 글을 쓴 아이에게 욕설을 퍼붓고 때리고 싸웠다. 아이들이 쳐다보면 자신을 욕 하는 것 같아서 화가 났다. 수학여행에서 돌아와 자신의 몸에 물이 쏟아지고 물이 불어나 깊은 물 속에 빠지는데도 몸을 움직이지 못하는 악몽을 꾸고 잠을 자지 못하는 일이 계속되었다. 내담자가 세수를 하러 욕실에 들어가서 물만 흘려보내며 멍하게 서 있는 것을 어머니가 발견하기도 했다. 수학여행을 다녀온 후 한 달이 넘어도 학교를 가지 않고 친구들의 연락을 받지 않고 있다. 어머니와 이야기를 하다가도 이유 없이 버럭 화를 내고 소리를 지른다.

내담자와의 미술치료에서는…

내담자는 소화가 되지 않았을 때의 경험으로 고기를 많이 먹고 체해서 답답했던 경험을 이야기하였다. 외상경험으로 인한 어려움은 마음이 답답하고 꽉 막힌 것 같다고 하였다.

내담자는 사과를 강판에 갈고, 견과류를 여러 개 절구에 넣어 부수었다. 절구에 부수는 것은 튀고 지저 분해져서 강판에 가는 것이 더 좋은 것 같다고 하였다. 사과가 작게 갈리니까 기분이 좋아진다고 하면서 강판에 가는 동안 조금 웃어 보이기도 하였다.

딱딱한 매체(사과)를 강판에 갈기

딱딱한 매체(아몬드)를 절구에 넣어 부수기

외상사건에 이름을 붙이기 1. 물공포증

외상사건에 이름을 붙이기 2. 문자

  내담자는 외상사건에 이름을 붙이기를 망설이며 치료사를 힐끔힐끔 쳐다보았다. 그 일에 대해서 말하고 싶은 것만 말해도 된다고 말하자 내담자는 한숨을 내쉬며 물공포증과 문자라고 적었다. 내담자는 어릴 때부터 물공포증이 있다고 간단하게 설명했고, 문자는 최근의 일이라고 말하면서 눈이 붉어지고, 한 손으로 이마에서 코까지 몇 차례 쓸어내리더니 "화장실 좀 다녀올게요."라고 말하며 화장실에 다녀왔다.

  내담자는 울어서 눈과 코가 빨갛게 되었으나 아무렇지 않은 척하며 "이제 뭐해요?"라고 갈라지는 목소리로 치료사에게 이야기하였다. 소화를 도와주는 액체를 투명 플라스틱 컵에 담자고 하니 물공포증에는 야채주스를 붓고, 문자에는 콜라를 부었다. 야채주스는 자신이 좋아하는 음료수이고 알약을 먹을 때 이상한 냄새가 나는 것 같아서 먹기가 힘든데 야채주스와 함께 먹으면 약이 잘 넘어간다고 하였다. 콜라는 톡톡 쏘는 것이 때려 주는 것 같고, 콜라를 마시면 트림도 나고 소화도 잘 된다고 하였다. 내담자가 문자라고 이름을 붙인 외상사건은 단체카톡방과 관련된 일이었다. 반 아이가 수학여행 때 자신에 대해 문자를 썼고 그것 때문에 같은 반 아이들이 자신의 물공포증에 대해서 알게 되어서 자신을 욕한다고 하며 아이들 모두를 때려 주고 싶다고 하였다. 내담자는 다시 눈이 붉어지고, 한 손으로 이마에서 코까지 얼굴을 쓸어내리면서 눈물을 흘렸다. 화장지로 눈물을 닦고 코를 푼 후 아무런 말을 하지 않았고 어깨를 잠시 떨고 나서 고개를 숙인 채 멍하게 있었다. 내담자에게 주변을 돌아보며 야채주스와 같은 색을 찾아보도록 하여 멍하게 있는 내담자의 주의를 환기시키도록 하였다. 그리고 야채주스를 마셔 보도록 하여 차가운 주스 컵을 손으로 만질 때의 느낌과 주스가 몸속으로 들어갈 때 느낌은 어떤지 신체감각을 탐색하며 안정을 취하는 시간을 가졌다.

액체 붓기 1. 야채주스

액체 붓기 2. 콜라

    깔때기와 투명 호스를 연결하여 소화기관을 만들고 싱크대에 테이프로 붙여 설치하였다. 내담자는 투명 플라스틱 컵에 담긴 내용물을 깔때기에 조금씩 부으며 싱크대 아래로 모두 흘러내려 가서 호스가 막히지 않고 투명해지는 것을 확인하였다. 내용물을 다 흘려보낸 후에는 투명 플라스틱 컵에 콜라를 조금 부어서 흘려보내기도 하고 많이 부어서 흘려보내기도 하며 이 과정을 여러 차례 반복하였다. 내담자는 투명 플라스틱 컵에 담긴 내용물을 흘려보내면서 물이 내려가는 것이 눈에 보이고 자신이 조절하는 대로 많이 내려가기도 하고 조금 내려가기도 하니까 마음대로 되어서 기분이 좋다고 하였다. 그리고 내용물이 빠른 속도로 흘러내려서 시원하고 다 흘러내려 간 모습을 보니까 편안한 느낌이 든다고 하였다. 내담자는 밤마다 악몽을 꾸는데 꿈에 나오는 물이 흘러내려 가서 없어지면 좋겠다고 하였다.

내용물(외상경험)을 소화기관에 부어 흘려보내기

외상경험으로 인한 어려움을 상징하는 덩어리(딱딱한 매체)를 소화시켜 모두 흘려보낸 느낌을 수채도구를 사용하여 색으로 표현하였다. 시원한 느낌이 들어서 파란색을 사용하였고 편안해지는 느낌은 주황색과 연두색을 사용했다고 하였다. 들판에서 풀잎이 바람에 날리는 모습이라고 설명하였고, 들판에 바람이 불면 시원하다고 하며 살짝 미소를 지어 보였다.

활동 후 느낀 점에 대해서 이야기 나누며 사과를 강판에 갈 때 슥슥 소리가 나서 가장 기분이 좋았고, 또 해 보고 싶다고 하였다. 내용물이 모두 흘러내려 가는 것을 볼 때 기분이 시원하고 좋았다고 하며 치료가 끝이 나면 지금처럼 시원한 기분이 되는 것인지 궁금하다고 하였다. 내담자에게 기분에 점수를 매겨 보도록 하여 가장 좋은 기분이 10점이라면 시원한 기분은 8점이고, 최근의 기분은 1점 밖에 안된다고 하였다. 그리고 내담자는 8점인 날이 많았으면 좋겠다고 하였다. 기분이 1점 만큼 좋아지는 안전한 일로 크레파스로 슥슥 소리나게 낙서하는 것과 야채주스 마시는 것을 찾아서 일주일 동안 매일 실천하도록 하였다. 치료의 과정이 소화의 과정처럼 반복적인 작업이 될 것이고 내담자가 외상경험을 잘 소화시켜서 시원한 기분을 많이 느끼고 편안해지기를 바라는 기대에 이야기 나누었다.

외상경험을 흘려보낸 느낌: 바람

사례 2.

급성 스트레스장애, 30대, 여

내담자의 외상에 대하여…

　내담자는 해가 어둑어둑 지고 가로등이 켜지는 저녁 무렵 퇴근을 해서 친구를 만나러 가는 길이었다. 오랜만에 만나는 반가운 친구를 생각하니 들뜨고 설레어 빨리 가고 싶은 마음이 들었으나, 앞쪽에 길게 늘어선 차들의 빨간색 브레이크등이 밝아졌다 어두워졌다를 반복하며 서행과 정체가 반복되어 답답하였다. 신호가 바뀌어 교차로를 지나고 있었고 '쿵' 하는 소리를 들은 것 같은데 그 뒤로는 잘 기억나지 않았다. 한 남자가 차 창문을 두드리는데 자신의 몸이 굳어 버리는 느낌이 들고 무서워서 차에서 내리지 못했던 기억이 희미하게 났다. 그다음의 기억은 병원이었고, 뒤에서 달려온 차가 내담자의 차를 박아서 내담자는 앞으로 밀려 앞차를 박고 두 차 사이에 끼게 된 것이라고 병원에서 전해 들었다. 내담자는 다리가 부러져서 깁스를 했고 사고가 난 지 3주가 지나 통원치료를 받고 있다. 내담자는 빨간색 불빛이 눈앞에서 아른거리는 것을 자주 느끼고 혼자 있을 때 불쑥불쑥 사고와 관련된 기억이 떠오르면 두렵고 공포스러우며 하루 종일 우울감을 느끼고 있었다. 사고로 다친 다리는 자신의 다리가 아닌 것같이 녹아내리는 느낌이 들고 몸이 분리된 것 같은 느낌이 들 때가 있었다. 밤마다 빨간색 불빛이 아른거리다가 '쿵' 하는 소리가 들리고 가위에 눌린 것처럼 몸을 움직일 수가 없는 꿈을 꿨다. 잠에서 깨면 온몸이 젖어 있고, 새벽에 깨면 다시 잠들기가 무서워서 커피를 마시고, TV를 틀어 놓고 밤을 새는 날이 대부분이었다. 낮에도 하루 종일 머리가 멍해서 집중이 안 되었고 어머니와 이야기를 하다가 자신이 멍하니 있어서 어머니가 자신의 어깨를 쳤는데 너무 놀라서 소리를 지르고 화를 냈었다. 어머니도 화를 내서 싸움으로 이어졌고 집에 있으면서 어머니와 자주 싸우게 되었다. 방문 닫는 소리가 '쾅' 하고 들리면 분노가 폭발하여 소리를 지르고 화를 냈다. 작은 일에 짜증이 심하게 나고 가슴이 답답하고 숨 쉬는 것이 어려웠다. 작은 소리에도 심하게 놀라고 스트레스를 받을 때는 이명이 심해졌다.

내담자와의 미술치료에서는…

내담자는 소화가 되지 않았을 때의 경험으로 떡을 급하게 먹고 나서 목이 막히고 숨쉬기가 어려웠던 경험을 이야기하였다. 물을 마시고 등을 두드리며 한참 고생을 했다고 하며 자신의 외상경험이 숨막히게 하는 것과 비슷하다고 하였다.

내담자는 아몬드를 절구에 넣고 부수면서 호흡이 빨라지고 숨소리가 거칠게 났다. 내담자의 이름을 불러 잠시 멈추게 한 후 두렵고 공포스러움이 가장 강한 것이 10점이라면 지금은 몇 점 정도 되는지 물어보자 6점 정도라고 하였다. 잠시 호흡을 고르고 나서는 4점 정도이고 이명이 들리지 않아 계속할 수 있겠다고 하여 아몬드를 다시 부수기 시작하였다. 아몬드를 부술 때 나는 '똑똑똑똑' 하는 소리가 사고 당시 기억나는 차의 창문을 두드리는 소리처럼 들렸다고 하였다. 내담자는 '문을 열어야 하는데…… 문을 열어야 하는데……'라고 머릿속으로는 생각을 하는데 몸은 움직이지 않고 답답한 느낌이 들었던 것을 기억해 내었다. 실제 사고 현장에서는 몸을 움직이지 못했는데 치료실에서는 계속해서 절구에 아몬드를 부수면서 손을 움직이고 있어서 놀라웠고, 계속해서 아몬드를 부수면 사고 장면에서의 자신이 차문을 열고 나갈 수 있을 것 같은 느낌이 들었다고 하였다. 그래서 아몬드를 계속해서 부수었고 멈추면 안 될 것 같았다고 하였다. 호흡이 빨라지면 치료사가 이름을 부르고 잠시 멈추어 호흡을 고르도록 하였다. 내담자는 반복해서 아몬드를 부수면서 사고 장면이 떠오르는데 자신의 차문을 두드리는 남자가 경찰옷을 입고 있는 것 같았다고 흐릿하게 기억을 해 냈고 자신을 도와주러 왔다는 생각이 들어서 안심이 되었다고 하였다. 내담자는 아몬드 부수는 것을 멈추고 온몸에 힘이 풀린다고 하였다. 밧줄이 온몸에 세게 감겨 있다가 조금씩 풀어지는 기분이라고 하였고 두렵고 공포스러움은 5점이라고 하였다. 내담자가 편안함을 느끼는 신체부위가 어디인지 찾아보도록 하여 신체 반응에 집중하며 휴식을 취하였다.

딱딱한 매체(아몬드)를 절구에 넣어 부수기

내담자가 붙인 외상사건의 이름은 '그 일'이다. 그냥 '그 일'이라고 이름을 붙이는 것에도 조심스러워하며 '그 일'에 대해 말하는 것이 두렵다고 했다. 외상사건을 자세히 말하려고 하면 더 생생해지는 느낌이 들고, 그때의 상황으로 빨려 들어갈 것 같은 느낌이 자주 들어서 생각하고 싶지도 않았다고 하였다. 내담자는 호흡이 빨라져서 잠시 호흡을 고르는 시간을 가진 다음 외상사건에 대해 자동차 사고였고, 친구를 만나러 가는 길에 사고가 났었고, 경찰이 자신을 구조해 주었다고 천천히 설명을 하였다.

투명 플라스틱 컵에 내담자가 좋아하는 음료수인 오렌지 주스를 부었다. 소화가 잘 되서 외상사건이 꿈에 나타나지 않으면 좋겠다고 했다.

외상사건에 이름 붙이기: 그 일

액체 붓기: 오렌지 주스

지퍼팩에 위장 모양을 그리고 한쪽 모서리를 잘라 투명 호스에 연결하여 소화기관을 만들었다. 지퍼백과 투명 호스에 연결하는 부분에 테이프를 꼼꼼하게 바르며 소화를 잘 시키는 튼튼한 위장을 만들고 싶다고 하였다.

지퍼백에 위장 그리기

내담자는 투명 플라스틱 컵 속의 내용물을 지퍼백으로 만든 소화기관에 흘려보낸 후 컵 아래에 아몬드 찌꺼기가 남은 것을 보고 인상을 찌푸리며 바라보고 있었다. 치료사가 다시 액체를 부어 보라고 권하자 얼굴이 밝아지며 다시 액체(오렌지 주스)를 부어 흘려보냈고 찌꺼기가 하나도 남지 않고 흘러내릴 때까지 이 과정을 여러 차례 반복했다. 내용물이 호스를 타고 흘러내려 가는 모습을 보는 것이 좋다고 하였다.

내용물(외상경험)을 소화기관에 부어 흘려보내기

내담자는 외상경험으로 인한 어려움을 상징하는 덩어리(딱딱한 매체)를 소화시켜 모두 흘려보낸 느낌을 파란색 물감에 물을 많이 적셔서 색칠했고, 그 위에 보라색을 덧칠하며 색이 번져 나가게 했다. 작품을 완성하고 난 다음 내담자는 어깨에서 힘이 풀리는 것 같은 느낌이 든다고 하며 크게 숨을 쉬었고, 가슴을 압박하는 느낌이 조금 느슨해진 것 같다고 하였다. 내담자는 완성된 작품을 보며 조용한 바다같이 편한 느낌이라고 하였다.

외상경험의 치료과정이 소화의 과정처럼 반복적인 작업이 될 것이고 내담자의 속도에 맞추어 소화시켜 나가는 과정이라고 이야기 나누었다. 내담자는 외상사건에 대해 기억하지 못한 부분이 떠올라서 신기했고, 사고현장에 경찰이 와서 자신을 구해 주었다는 사실 때문에 안심이 되었다고 하였다. 외상사건을 떠올리는 것이 두렵기만 한 것은 아니라는 것을 알게 되었다고 하였다. 그리고 치료를 통해서 편안해지기를 기대하고 그런 날이 빨리 왔으면 좋겠다고 하였다. 병원을 갈 때나 치료실에 올 때, 차를 타야 하고 차들이 많은 도로에 나가야 하는 것이 너무 힘들고 겁이 나서 고통당하는 증상이 빨리 사라지기를 바란다고 하였다.

외상경험을 흘려보낸 느낌: 바다

3

입

▌목표

1. 통제력이 낮은 매체인 밀가루 반죽을 통해 심리적 이완을 경험할 수 있다.
2. 억압되어 있던 외상경험을 표출시켜 스스로 인식할 수 있다.

▌준비물

밀가루, 그릇, 투명 플라스틱 컵, 식용유 또는 버터, 물, 물감, 비닐장갑, 종이호일

▌활동방법

1. 입의 역할에 대해서 탐색한다.
2. 외상경험과 관련하여 자신의 입으로 내뱉었던 말, 말하고 싶었지만 차마 하지 못했거나 하지 않았던 말에 대해 이야기 나눈다(외상경험에 대해 떠올리고 표현할 때 많이 불안하고 고통스러울 수 있으므로 기억하는 내용이 고통스럽게 느껴지는 것이지 기억 자체는 위험하지 않음을 이야기 나누며 힘들게 표현하는 내담자에게 정서적인 지지를 해 준다).
3. 말하지 못했거나 말을 하지 않아서 어떻게 되었는지 탐색한 후 만약 이러한 말을 했다면 어떠할 것 같은지 그리고 주변의 반응은 어떠할 것 같은지 생각한다.
4. 그릇에 밀가루를 붓고 식용유 또는 버터와 섞은 후 비닐장갑을 끼고 반죽한다.

5. 반죽을 주무르고 두드리며 심리적 이완을 경험한다.

6. 입술색으로 원하는 색상의 물감을 고른 후 투명 플라스틱 컵에 물감을 풀어서 물과 섞는다.

7. 밀가루 반죽에 물감 섞은 물을 조금씩 부어서 반죽한다.

8. 밀가루 반죽을 종이호일 위에 놓고 하지 못했던 말이나 하지 않았던 말을 용기 내어 한다면 그 말을 하는 입의 모양, 크기 등을 생각하여 입모양을 표현한다.

9. 밀가루 반죽으로 만든 입을 자신의 입 앞에 들고 하지 못했던 말이나 하지 않았던 말을 크고 또박또박하게 한다.

10. 활동 후 느낀 점에 대해서 이야기 나눈다.

사례 1.

외상후 스트레스장애, 22세, 여

내담자의 외상에 대하여…

내담자 가족은 집안 행사가 있을 때마다 자주 할머니 댁을 방문하였으며, 주말에 할머니 댁을 가게 되면 꼭 하룻밤을 자고 왔다. 내담자가 중학교 2학년 때 시골 할머니 댁 사촌언니의 방에서 혼자 잠을 자고 있었는데 누군가 옆으로 다가와서 몸을 더듬었다. '할머니가 깨우시나?'라는 생각이 들었으며, 시골이라서 '혹시 벌레인가' 하는 생각도 들었다. 기분이 나빠 몸을 뒤척이며 다시 잠이 들려고 하는데 그 순간 사촌오빠로부터 성폭행을 당했다. 내담자는 너무 놀라고 당황스러워 소리를 지를 수 없었고 몸부림치며 저항하였으나 사촌오빠의 힘을 당할 수가 없었다. 성폭행 후 사촌오빠는 다른 사람에게 말을 하면 가만히 두지 않겠다고 아무에게도 말하지 못하도록 협박하였다. 사촌오빠는 성폭행 사건에 대해 내담자에게 협박 외 사과나 변명 등 그 어떠한 말도 없었으며 아무런 일도 없었다는 듯 자연스럽게 행동하였다. 그 후 가족 행사가 있을 때에도 내담자가 자꾸 할머니 댁을 가지 않으려고 하자 부모님은 '사춘기여서 그런가 보다.'라는 생각을 하였고, 내담자를 혼내거나 달래서 항상 같이 데리고 다니셨다.

외상사건 후 내담자는 누군가 자신에게 스킨십을 하려고 하면 그 때의 일이 떠올라 예민하게 반응하고 자기도 모르게 욕이 튀어나왔다. 친구가 팔짱을 끼는 것조차 소름이 돋았고 자기도 모르게 눈물이 흘러 일상생활을 하는 것이 힘이 들었다. 그리고 집이 아닌 다른 곳에서 잠을 자야 할 때에는 주변 사람들을 많이 경계하였고 항상 불을 켜 놓고 밤을 지새웠다. 사촌오빠의 이야기가 나오면 회피하거나 한마디도 반응하지 않았으며 어쩔 수 없이 마주치게 될 때에는 극도로 긴장을 하게 되었다.

성폭행을 당한 후 주변의 도움을 받는 것이 부끄러웠고 누가 알게 될까 봐 겁도 나고 알려지게 되면 사촌오빠가 자신에게 어떠한 일을 저지를지 모른다는 불안감이 컸다. 시간이 많이 흘렀지만 일상생활을 하다가도 문득 그 때의 일이 떠오르면 너무 힘들고 괴로웠다. 기억을 지우고 싶었으나 지울 수 없었다. 평생 혼자 살게 될지도 모른다는 생각에 혼자 늙어서 죽게 되면 너무 외롭고 쓸쓸할 것 같다는 생각이 들었고 그것이 더 비참하게 느껴져서 괴로웠다. 자신을 괴롭혔던 사촌오빠는 아무 일 없었던 것처럼 잘 지내는데 내담자는 그 일 이후 너무나도 많이 바뀌어 버린 자신의 성격과 대인관계 회피로 힘든 시간을 보내게 되었고 억울한 마음이 들 때마다 분노를 조절할 수 없을 정도로 폭발적인 감정의 격동을 경험하게 되어 치료를 받게 되었다.

내담자와의 미술치료에서는…

내담자는 입의 역할을 탐색하면서 자신은 하고 싶은 말을 제대로 못하는 것 같다고 하였다. 외상경험과 관련된 일에 대해 이야기하려면 그 일을 다시 기억해야 하고 그 일에 대해 말하는 것조차 너무 수치스러울 것 같아 말하지 못했다고 하였다. 다시 생각하기 싫은 일이라 묻어 두었지만 아무리 묻어 두어도 잊혀지지 않아 입을 만들어 그때의 감정과 하지 못했던 말들을 다 말해 버리면 수치스럽고 괴로운 마음들이 털어 버려질 것 같다고 하였다.

내담자가 할 수 있는 가장 심한 욕을 사촌오빠에게 하고 싶으며 내담자의 입으로 사촌오빠의 손을 물어뜯어 버렸으면 좋겠다고 하였다. 내담자 앞에서 무릎을 꿇고 "그때는 나도 어려서 잘 몰랐어. 너에게 큰 상처를 줘서 미안하다."라고 마음이 담긴 진정한 사과를 받으면 마음이 풀릴 것 같다고 하였다. 하지만 사촌오빠가 사과를 할 때 주변에 누군가가 이 이야기를 들으면 내담자 자신이 너무 수치스러울 것 같다는 느낌이 든다고 하였다.

밀가루 반죽을 만들면서 살을 만지는 듯한 기분이 들어 불쾌했으나 반복해서 반죽을 주무르고 두드리면서 빵을 만들고 싶어졌다고 하였다. 빵을 만들어 커피와 함께 먹는다면 기분이 좋을 것 같다고 하였다. 따뜻한 빵을 생각하면서 반죽을 주무르고 두드리니 처음에 느꼈던 불쾌함이 아닌 좋은 느낌이 들어 또 다른 것을 만들어도 좋을 것 같다는 생각이 들었다고 하였다.

내담자는 밀가루 반죽에 빨간색 물감을 풀어 입 모양을 만들면서 이미 겪어서 없앨 수 없는 일이지만 기억에서 지울 수만 있다면 지우고 싶다고 하였다. 기억에서 지우기 위해서는 자신이 용서를 하고 넘어가야 하는데 용서가 되지 않는다고 하였다. 일상생활을 하고 있다가도 불현듯 기억하고 싶지 않은 일들이 기억나 너무 괴롭다고 하였다. 지금은 내담자가 그 시절보다 더 컸기 때문에 사촌오빠에게 복수하고 싶지만 복수할 수 있는 방법을 모르겠다고 하였다.

욕을 하는 입 모양을 만든 후 "나는 너무 억울해."라고 소리쳤고, 사촌오빠에게 "나쁜 놈" "미친 놈" "벼락 맞아라." "나중에 네 새끼도 똑같은 일을 당해 봐라." 등의 욕을 퍼부었다. 욕을 실컷 하고 나니까 속이 시원하다고 하였다. 불쑥불쑥 화나는 감정이 튀어나와 소리 내어 말해 보니 아무에게도 말할 수 없어 꽉 막힌 하수구 같았던 자신의 상처들이 뚫리는 기분이라고 하며 크게 숨을 내쉬었다.

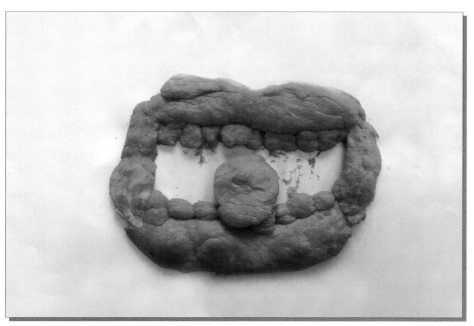

욕하는 입

사례 2.

급성 스트레스장애, 38세, 남

내담자의 외상에 대하여…

　내담자는 고층아파트(50층)에서 살고 있었다. 2주 전쯤 퇴근 후 아파트 입구에 도착하여 1층에서 엘리베이터를 기다렸다. 남자 주민 1명과 함께 엘리베이터를 탔는데 자신은 37층을 눌렀고, 같이 탄 주민은 29층을 눌렀다. 25층에 다다랐을 때 갑자기 엘리베이터 안의 불이 깜빡거리고 엘리베이터가 쑥 내려가는 느낌을 받았다. 엘리베이터는 빠른 속도로 20층까지 내려갔고 비상벨을 누를 시간조차 없이 내담자와 주민은 휘청거리며 엘리베이터 안에 있는 안전바를 꽉 잡아야 했다. 20층에 다다르자 갑자기 엘리베이터의 문이 열리고 몇 초 정도 흘렀다. 엘리베이터가 움직이지 않는 것을 확인한 후 엘리베이터 안에 있던 주민이 내담자를 끌고 황급히 뛰어내렸다. 엘리베이터는 문이 닫히고 버튼이 눌러진 29층과 37층으로 다시 올라갔다. 다리가 후들거리고 심장이 벌렁거려 20층 계단에서 집까지 올라가기가 힘이 들었다. 부인에게 전화를 걸어 도움을 받아 겨우 집에 도착한 후 부인이 아파트 관리실에 신고를 해서 다음 날 엘리베이터 점검을 할 수 있도록 하였다.

　엘리베이터 사고 후 내담자는 어른인 자신도 이렇게 힘든데 자녀들이 이런 일을 겪으면 너무 끔찍할 것 같다는 생각에 주택으로 이사를 결정하였다. 회사에서도 엘리베이터를 타지 않으며 높은 건물을 이용할 때에는 힘들어도 계단을 이용하였다. 내담자의 자녀들에게 엘리베이터 안에서 사고 났을 때 대처요령을 상세하게 가르쳐 주고 싶어서 엘리베이터 사고 시 대처방법에 대해 검색하고 찾아보았다. 그러나 안전수칙에 대해서는 자세히 나와 있지만 사고가 났을 때 어떻게 대처하라는 방법은 잘 안내되어 있지 않아 너무 답답하였다.

　내담자는 집이 무너지거나 엘리베이터가 갑자기 하강하여 다치는 꿈을 자주 꾸었다. 안전에 대해 지나친 걱정을 하게 되었고 언제, 어디서, 어떤 사고가 생길지 모른다는 생각이 들어 각종 사고를 대비할 수 있는 안전장비 등의 물품을 구매하여 집 안의 곳곳에 놓아두었다. 사고 이후 편안하게 잠을 잔 적이 없으며 이러다가는 신경과민으로 인해 죽을지도 모른다는 생각에 심리치료를 받게 되었다.

내담자와의 미술치료에서는…

입의 역할에 대해 이야기를 나누면서 여러 가지 입의 역할 중 자신은 말을 많이 하는 편인 것 같다고 하였다. 평상시에는 그렇게 말을 많이 하는데 꼭 필요한 순간에 입이 있음에도 불구하고 살려 달라고 소리를 지르거나 비상벨을 누를 수 없었던 자신이 매우 무능하고 바보 같았다고 하였다. 다시는 그런 상황이 생기면 안 되겠지만 또다시 그런 일이 생겨도 어떻게 해야 할지 모르겠다고 하였다. 엘리베이터를 타지 않으면 다 괜찮아질 것이라 생각했지만 사실은 각종 사고에 대한 두려움과 불안이 너무 커졌다고 하였다.

밀가루 반죽을 하면서 자신의 손에 힘이 많이 들어가 있다는 느낌이 든다고 하였다. 자신의 몸에 대해 생각을 해 본 적이 없었는데 사고가 난 후로 자신의 몸이 항상 긴장된 상태가 된 것을 치료를 하면서 느끼게 되었다고 하였다. 매체를 만지면서 여전히 자신은 몸에 힘이 많이 들어가 있는 경직과 긴장 상태라는 것을 발견하게 되었고 '괜찮다.'고 속으로 되뇌었던 것들이 괜찮지 않음을 알게 되었다고 하였다. 내담자는 치료사에게 "몸과 마음을 이완시키기 위해 부드러운 것들을 많이 만지는 것 이외에 할 수 있는 일들은 무엇이 있을까요?"라고 질문한 후 내담자는 곧바로 클래식 음악을 더 듣는 것도 괜찮을 것 같아요."라고 하였다.

붉은 색의 물감을 풀어 반죽에 색을 입혔고 자신의 입은 얇은 편인데 조금 두꺼웠으면 하는 생각에 두꺼운 입모양을 만들었다고 하였다. 다시 그 상황으로 돌아간다면 "괜찮아." "배운대로 잘 할 수 있어." "걱정하지마." "잘 대처하고 있어." 등의 이야기를 하고 싶다고 하였다. 소리 내어 말해 보면서 내담자의 가족이나 주변인들에게 자신과 유사한 일을 겪게 되었을 때 치료를 하면서 느꼈던 이야기들을 해 주면 좋을 것 같다는 생각이 들었고 또한 안전사고에 대처하는 방법들을 많은 사람들에게 알릴 수 있는 입이 되었으면 좋겠다고 하였다.

엘리베이터를 탈 때에 두려움이 생기기는 하겠지만 지속적인 치료를 받은 후에는 엘리베이터를 탈 수 있을 것 같다는 생각이 들었다고 하였다. 엘리베이터를 타더라도 '괜찮을 거야.' '아무 일 없을 거야.' 등의 혼잣말을 통해 자기격려를 하고 두려움을 극복해 나가야겠다는 의지를 보였다. 앞으로 살아가면서 어떠한 사건 사고가 생길지 모르겠지만 더 큰일을 겪는다 하더라도 이제는 침착하게 대처를 할 수 있을 것 같다는 생각이 들었다고 하였다.

스스로에게 위안을 주는 입

❙ Tip

밀가루에 식용유 또는 버터를 섞으면 물을 섞었을 때보다 더 많은 부드러움을 느낄 수 있고 손에 반죽이 덜 붙는다. 그리고 끈기가 더 많이 생겨 반죽이 쫄깃해진다. 버터를 사용하려면 실온에 두어 말랑한 상태일 때 밀가루와 섞는 것이 좋다.

2 정서 조절의 어려움 다루기

짚고 가기

외상사건을 경험할 때 몸은 자신을 보호하기 위한 생존반응을 한다. 분노감정은 신체에너지를 증가시켜 위험에 직면했을 때 생존할 수 있도록 돕는 기능을 한다. 외상으로 인해 일어난 분노감정은 강력하게 뇌에 각인되어 분노가 필요하지 않은 상황에서도 활성화된다. 또한 외상경험은 압도적이고 강력한 감정을 유발하기 때문에 외상경험 이후에는 정서를 조절하는 능력이 망가진다. 몸과 마음이 과거의 외상사건에 대처하려고 노력하기 때문에 과도한 각성을 하여 모든 감정들에 지나치게 예민해지거나 반대로 지나치게 둔감해져서 신호등이 고장 난 것처럼 적절하지 않은 반응을 하게 된다. 외상경험 이후 정서 조절의 어려움은 당연하고 자연스러운 일이지만 어려움이 지속되어 적응을 방해하거나 자해나 자살로 이어지지 않도록 주의해야 한다.

감정조절의 어려움을 흐트러진 큐브로 시각화시키고 큐브가 맞추어지는 과정을 통해 정서가 조절되는 과정을 상징적으로 경험할 수 있다. 전구를 켜고 끄는 활동을 통해 외상경험의 기억들을 차단하거나 대체하여 감정조절에 대한 통제감을 느낄 수 있다. 감정을 마음의 밭에 뿌려진 씨앗으로 비유하여 스스로 어떤 감정을 느끼는지 자신의 감정을 인식한 뒤, 현재의 감정이 유지되고 그 감정이 자란 이후를 예측하여 줄여야 할 감정과 늘여야 할 감정을 선택할 수 있게 된다. 그리고 자신이 선택한 감정을 드러내거나 줄이기 위한 구체적인 실천방법을 탐색하여 적절하게 정서를 표현하는 방식과 정서를 조절하는 기술을 학습하고 연습하도록 도울 수 있다.

1 감정 큐브

▌목표

1. 외상 후 경험하게 되는 자신의 감정에 직면할 수 있다.
2. 스스로 감정을 조절하는 방법을 모색할 수 있다.

▌준비물

큐브(2×2×2 또는 3×3×3 큐브), 아크릴 물감, 붓

▌활동방법

1. 외상경험 후 자신이 주로 느끼는 감정은 어떤 것들이 있는지 탐색한다.
2. 외상경험 후 자신이 주로 느끼는 감정을 나타내는 색을 선택하여 큐브의 각 면에 아크릴 물감으로 색칠한다.
3. 물감이 마르면 큐브를 여러 방향으로 돌려 각 면이 여러 색으로 섞이도록 한다.
4. 내담자가 경험한 외상 이후에 자신의 감정들이 어떠할 때 섞어진 큐브처럼 엉망이 되어 감정조절에 어려움을 겪는지 이야기 나눈다.
5. 내담자에게 큐브의 한 면을 맞추는 방법을 알려 주고 큐브의 한 면을 맞추도록 한다(맞추는 방법을 알고 있다면 모든 면을 맞추어도 무방하다.).

6. 섞어진 큐브를 맞추는 방법이 있는 것처럼 감정도 조절하거나 상황에 적절하게 맞
   출 수 있다면 자신의 감정을 조절할 수 있는 방법에는 어떤 것이 있는지 이야기 나
   눈다.

7. 활동 후 느낀 점에 대해서 이야기 나눈다.

사례 1.

급성 스트레스장애, 초등5, 남

내담자의 외상에 대하여…

  내담자는 학교폭력 피해자로 상담이 의뢰되었다. 또래보다 왜소한 체격으로 일 년 전부터 친구들에게 괴롭힘을 당하였는데 학년이 올라갈수록 괴롭힘의 정도가 심해져 돈을 뺏기거나 옷, 가방 등 소지품들도 뺏기는 일이 많아졌다. 일주일 전 평소 괴롭히던 친구들이 체육 교구실에 내담자를 감금하는 일이 생겼다. 체육 교구실은 평소 인적이 드문 곳으로 필요할 때만 불을 켜 두어 사용하지 않을 때에는 빛이 들어오지 않는 깜깜한 교실이었다. 내담자는 어둠 속에서 살려 달라고 소리치며 문을 두드려서 갇힌 지 3시간 만에 지나가던 선생님이 목소리를 듣고 문을 열어 주셨고 내담자는 쓰러져서 병원으로 옮겨졌다. 병원에서는 안정이 필요하다는 말을 할뿐 별다른 소견이 없어 집으로 바로 돌아갈 수 있었다. 병원에서 돌아온 날부터 눈빛이 매우 불안정하였으며 불을 끄면 무서울 것 같아서 불을 켠 채로 잠자리에 들었다. 잠도 깊이 들지 못하고 자다가 악몽을 꾸어 소리를 지르다가 자다 깨기를 반복하였다. 다음 날에도 진정이 되지 않아 내담자는 복통을 호소하고 친구들이 자신을 가만히 두지 않을 것이라고 하며 학교를 가려 하지 않았다. 그날 이후 계속 등교를 거부하고 있으며 어두운 것에 극도로 불안해하여 밤에 잠을 잘 때에도 불을 켜고 자고 외출하고 들어와서 집에 불이 꺼져 있으면 신경질을 부리고 소리를 질렀으며 불안해하였다. 평소 감정을 잘 드러내지 않고 차분한 성격이었으나 그 일 이후 자주 짜증을 내고 쉽게 흥분하고 물건을 던지고 동생을 심하게 때리는 과격한 행동을 하였다. 내담자는 멍하게 있는 일이 많으며 이름을 부르거나 어깨를 치면 마치 그제야 정신이 돌아온 사람처럼 눈빛이 달라짐을 느낄 수 있다는 내담자 어머니의 보고도 있었다.

내담자와의 미술치료에서는…

  외상경험 이후 느끼는 감정들에는 어떠한 것이 있는지 질문한 뒤 빈번하게 느끼는 감정을 색으로 표현하여 큐브의 각 면에 색칠하도록 하였다. 외상경험 이후 자신이 참는 것이 힘들어 짜증을 많이 낸다고 말하며 보라색을 색칠한 후 자신보다 힘이 약하다고 생각되는 동생이나 친구를 보면 자신도 똑같이 때려보고 싶어진다고 말하였다. 가끔은 누군가를 때리는 상상을 하며 짜증이 주체할 수 없이 나서 자신도 모르게 고함을 지르거나 실제로 동생을 때린 적이 있다고 하였다. 그리고 학교를 다니는 일은 너무 피곤하며 아무런 재미가 없다고 하여 피로감을 나타내는 진한 파랑, 심심함을 나타내는 초록, 무덤덤함을 나타내는 연두색으로 각각 색칠하였다. 자신을 가둔 친구들은 처벌을 받아 통쾌한 기분을 느낀다며 주황색으로 나타내었다. 그 친구들도 자신과 똑같이 따돌림 당하고 절대 나올 수 없는 감옥 같은 곳에 가두면 행복할 것 같다며 행복감을 나타내는 하늘색을 색칠하였다.
  큐브를 색칠하고 말린 뒤 큐브를 섞어 보며 "만약 나의 마음이 섞어진 큐브와 같이 섞어진 상태라면 어떠한 상태일까?"라고 질문하자 혼란스러운 상태라고 말하고 자신을 괴롭히는 친구들에 대한 분노의 마음도 크지만 한편으로 그 친구들이 또 괴롭힐까 봐 두렵고 걱정도 된다고 말하였다. 외상경험 이후 평소와 너무 다른 자신을 보는 것 같아 이러다 미쳐 버리는 것은 아닌지 걱정이 될 때가 많다고 하였다.

큐브에 색칠하기

큐브 섞기

큐브를 맞춰 본 경험이 없어서 한 면을 맞추는 데 시간이 많이 걸렸으며 어렵게 맞춘 만큼 기쁨도 커 보였다. 큐브를 맞추는 방법처럼 자신의 감정을 조절할 수 있는 방법에 대해 질문하자 "심호흡을 크게 한다. 나의 기분을 말로 표현해 본다."라고 하였다. 앞으로 화난 감정을 조절하고 싶다고 하여 화난 기분을 조절할 수 있는 여러 가지 방법에 대해 치료사와 이야기 나누었다.

큐브 한 면 맞추기

사례 2.

내담자의 외상에 대하여…

2주 전 내담자의 집 아파트 20층에서 엘리베이터를 타고 내려가는데 갑자기 덜컹 하는 소리와 함께 빠른 속도로 엘리베이터가 내려가 9층과 10층의 가운데에 엘리베이터가 멈춰 119 소방대원이 와서 엘리베이터 문을 강제로 열어 문틈 사이로 가까스로 빠져나올 수 있었다. 그 충격으로 지금까지 엘리베이터는 탈 수 없으며 '집 안의 문들이 잠겨서 안 열리면 어떻게 하나.'고 걱정하여 문을 열고 생활하고 있다. 며칠 전에는 바람 때문에 문이 '쾅' 하는 소리를 내며 닫히자 벽에 붙어서 "살려 주세요."라고 고함을 지르며 우는 모습을 보여 엘리베이터에 갇혔던 그날을 떠올리는 것 같았다는 어머니의 보고도 있었다. 사고 이후 내담자는 사소한 일에도 눈물을 보이고 멍하게 앉아 있는 일이 많고 방금 한 이야기도 기억하지 못했다. 평소 자신의 물건을 소중히 다루고 잘 챙기는 꼼꼼한 성격의 내담자였는데 깜빡하고 물건을 두고 와 잃어버리는 일이 많아졌다. 작은 소리에도 깜짝 놀라는 일이 많고 특히 문을 두드리는 소리는 엘리베이터에 갇혔을 때 들었던 엘리베이터의 문 두드리는 소리 같아서 싫었다. 친구들과 어울리기 좋아했는데 집에서만 지내고 특별히 흥미를 갖는 것도 없으며 웃지도 않고 멍하게 지내고 있다.

내담자와의 미술치료에서는…

치료실에 오게 된 이유인 최근의 엘리베이터 사건과 그 사건으로 자신에게 어떠한 변화가 생겼는지에 대해 먼저 이야기 나누었다. 그리고 그 일 이후 어떠한 기분들을 느꼈는지 질문하고 기분과 어울리는 색을 찾아 보았다. 순간순간 자신이 엘리베이터 안에 있는 것 같은 생각이 들어서 문이 열리지 않을까 봐 불안한 기분을 느낀다고 하며 아파트 엘리베이터 색과 같은 회색으로 가장 먼저 한 면을 색칠을 하였다. 다음으로 엘리베이터를 떠올리면 무서워서 빨강으로 색칠하였다. 무서운 것은 왜 빨간색인지 질문하자 자신이 제일 무서워하는 것은 귀신으로 귀신은 피를 흘리고 다녀서 빨간색을 생각하면 무섭다고 설명하였다. 그리고 "왜 내가 탄 엘리베이터에서 그러한 일이 생겼는지 모르겠어요."라고 하며 매우 재수가 없고 안좋은 일이 생길 것 같은 불안한 마음이 든다고 하며 보라색을 색칠하였다.

　　또 다른 한 면은 요즘 수업시간에 딴 생각을 많이 해서 선생님이 자신의 이름을 많이 부르고 멍하게 있기도 하고 친구들이 놀자고 하여도 모든 것이 귀찮다는 생각이 들어 아무것도 하고 싶지 않아서 흰색으로 색칠한다고 말하였다. 그리고 내담자는 "엄마가 그러는데 내가 경험한 나쁜 기억은 곧 잊혀질 것이고 다시 예전처럼 엘리베이터도 탈 수 있게 될 거래요."라고 말했다. 그리고 내담자는 엄마 말씀처럼 빨리 그렇게 되면 좋겠다고 하며 자신이 가장 좋아하는 색이고 보고 있으면 기분이 좋아지는 분홍색을 색칠하였다. 분홍색은 빨리 엘리베이터가 무서워지지 않았으면 좋겠다는 즐거움의 의미라고 하였다. 마지막으로 엘리베이터를 빠져나올 때 아파트 복도 창문으로 보았던 하늘을 생각하며 다행이고 기뻤던 기분이 생각나서 하늘색을 색칠한다고 하였다.

큐브에 색칠하기

　　색이 칠해진 큐브를 보며 섞어 보고 싶다고 하였다. 물감이 마르고 나서 큐브를 섞으며 자신의 감정들이 섞여져 어떤 기분인지 알 수 없게 되었다고 설명하였다. 섞어진 큐브처럼 자신의 기분을 어떻게 해야 할지 몰라 무섭고 슬프다고 하였다.

큐브 섞기

무섭고 슬프고 어떻게 해야 할지 모르는 기분을 다시 처음의 색을 칠했던 것처럼 정리를 해 볼 수 있도록 큐브 맞추는 방법을 알려 주자 쉽게 따라 하며 6면의 색을 각각 다 맞춰 보았다. 마지막은 분홍색이 모두 맞춰지도록 만든 뒤 "엄마의 말처럼 기억이 나지 않는 순간이 올 것 같아요."라고 말하였다. 그렇게 되려면 엘리베이터 생각이 나지 않도록 좋아하는 책을 읽으며 엘리베이터 생각이 나지 않게 하고 싶다고 말하였다.

큐브 한 면 맞추기

▌Tip

1. 큐브를 맞추는 방법은 다양하며 큐브에 대한 사전 지식 없이는 활동을 진행하는 데 어려움이 있다. 치료사는 반드시 사전에 큐브 맞추기를 충분히 연습한 후 활동을 진행하도록 한다.

2. 내담자의 수준에 맞춰 다양하게 큐브를 준비할 수 있도록 한다.

3. 큐브에 아크릴 물감으로 색칠을 할 때 면과 면이 연결된 부분에는 색칠이 되지 않도록 주의한다. 면과 면이 연결된 부분까지 색칠을 하게 되면 큐브를 맞추면서 돌리다가 물감이 벗겨질 수 있기 때문이다. 주의력과 조절력이 부족하여 면과 면을 주의하여 색칠하는 데 어려움이 있는 내담자라면 색칠하기 전 마스킹 테이프를 큐브의 면과 면이 연결된 부분에 붙여 놓고 색칠한 후 물감이 마른 뒤 떼어 내면 면과 면이 연결된 부분에 물감을 묻히지 않고 할 수 있다.

4. '활동방법 5'에서 만약 큐브를 맞추는 데 부담을 느끼는 내담자라면 섞어 놓은 큐브 위에 다시 색을 칠하여 처음의 상태로 돌려 놓는 방법도 해 볼 수 있다.

5. 큐브를 맞추는 일반적인 공식이 있으나 한 면을 맞출 때에는 공식에 따르지 않고도 맞출 수 있다. 섞어진 상태는 이와 같지 않을 수 있으나 다음과 같이 3×3×3 큐브로 한 면을 맞추는 방법을 토대로 연습하면 충분히 맞출 수 있다.

1. 한 면의 가운데 색 하나를 기준으로 정한다.(빨간색)

2. 돌려서 다른 면에 있는 빨간색을 맞추고자 하는 면으로 옮긴다.

3. 왼쪽 면 아랫줄의 빨간색 두 칸을 맞추고자 하는 면이 있는 오른쪽으로 돌리면 이미 맞춰 놓은 오른쪽 빨간색 조각이 흩어지게 된다.

4. 3번에서 왼쪽 면 아래에 있던 조각들을 돌렸을 때 영향을 받지 않는 면으로 맞추고자 하는 면 오른쪽 빨간 조각을 위로 돌려놓는다.

5. 맞추고자 하는 면 아래의 빨간색을 위로 올려 놓은 상태가 된다.

6. 이제 3번의 왼쪽 아래 빨간색 두 칸을 맞추고자 하는 오른쪽 면으로 돌린다.

7. 맞추고자 하는 면의 왼쪽 아래에 있던 빨간색 두 칸이 맞추고자 하는 면으로 옮겨진 상태가 된다.

8. 맞추고자 하는 조각이 이미 맞춰 놓은 면에 영향을 줄 경우 위의 순서 3번~7번을 반복하여 나머지 조각들을 맞춘다.

9. 오른쪽 면 아랫줄에 빨간색 조각을 왼쪽의 초록색 자리로 옮겨야 한다.

10. 9번의 큐브를 초록색이 아래로 가도록 놓고 초록색이 있는 줄을 아래로 내린다.

11. 초록색이 있던 줄을 아래로 내린 상태가 된다.

12. 아래쪽 면을 왼쪽으로 돌려 빨간색을 한 줄로 맞춘다.

13. 오른쪽 아래에 있는 빨간색을 왼쪽으로 돌린 상태가 된다.

14. 13번의 정면의 빨간색 줄을 위로 올린다.

2 기억 시계

▌목표

1. 정서조절의 어려움을 유발시키는 상황을 탐색할 수 있다.
2. 고통스럽고 부정적인 정서를 차단시키거나 대체시킬 수 있다.

▌준비물

상자, 건전지 조명등(북라이트, 휴대폰의 손전등), 잡지, 유성매직, 가위

▌활동방법

1. 외상경험 후 정서조절에 어려움이 있었던 경험에 대해 생각해 보고 이야기 나눈다.
2. 잡지에서 정서조절에 어려움이 있었던 경험을 떠오르게 하는 그림 또는 관련된 그림을 오리거나, 실제 물건을 찾아 준비한다.
3. 상자 겉면에 외상기억과 관련한 시간을 표현할 수 있는 시계 모양을 그리고 시간을 표시한다.
4. 시간을 표현한 상자 안에 잡지에서 오린 그림이나 준비해 둔 실제 물건을 넣는다.
5. 상자의 뚜껑을 열어 두고 조명등을 준비하여 상자 안에 넣는다.
6. 조명등의 불을 켜서 상자 안을 밝게 비추어 외상의 기억을 담고 있는 상자를 바라보며 어떤 느낌이 드는지 이야기 나눈다.

7. 조명등의 전원 버튼을 눌러 부정적이고 힘들었던 시간을 멈추는 것처럼 불을 끈다. 그리고 마음을 차분히 하여 다른 정서로 대체시킬 수 있는 시간을 준다(예: 이제 상자 속의 꺼진 불처럼 자신의 머릿속에서 자꾸만 맴도는 생각과 두렵고 고통스러운 기억이 꺼질 수 있도록 마음을 차분하게 하고 봅니다. 안전한 장소 또는 좋은 기억과 이미지를 떠올려 봅니다).

8. 불을 껐을 때 잘 보이지 않는 상자의 내부를 바라보며 어떤 느낌이 드는지 이야기 나눈다.

9. 자신에게 있었던 좋은 일과 자신을 가치 있는 사람이라고 느끼게 해 주는 긍정적인 기억 또는 앞으로 만들고 싶은 좋은 기억에 대해 이야기 나누며, 부정적인 기억을 전원 버튼처럼 차단시킬 수 있는 내적인 힘을 찾아볼 수 있도록 한다.

10. 활동 후 느낀 점에 대해서 이야기 나눈다.

☆ 이렇게도 할 수 있어요

'활동방법 2'를 한 후, 상자의 구멍이 없는 한쪽 면을 오려 내고 OHP필름을 잘라 붙여서 상자의 안이 들여다보이게 만든다(준비물: 북라이트, 측면에 구멍이 있는 운동화 상자, OHP필름, 칼, 풀).
'활동방법 5'에서 상자의 뚜껑을 닫고 동그란 구멍에 북라이트의 조명 부분을 넣고 손잡이는 밖에 두어 상자 밖에서 북라이트의 전원을 켜고 끌 수 있도록 한다.

사례 1.

외상후 스트레스장애, 고등2, 여

내담자의 외상에 대하여…

　내담자의 부모님은 나이 차이가 많이 났고 자주 싸웠는데, 내담자가 태어나면서 부부싸움이 더 심해져 내담자는 어린 시절부터 불안 속에서 생활했다. 내담자는 6세쯤부터 부모님의 싸움을 기억하는데, 부모님이 싸우다가 주방의 그릇을 던져서 거의 모든 그릇이 깨졌던 기억을 가지고 있다. 결국 초등학교 2학년 때 부모님은 이혼하였고 어머니와 함께 살았지만 여건이 좋지 못하여 위탁 가정에서 1년을 살았다. 이때 학교를 거의 가지 못하고 위탁 가정의 집을 지키는 사람으로 방치되어 있었다. 그때는 할 수 있는 것이 컴퓨터 게임밖에 없어서 컴퓨터만 하면서 시간을 보냈다. 그러다가 초등학교 4학년 때 큰아버지 집에서 지내게 되면서 전학을 하였고 그때부터 친구들에게 '못생겼다, 안 친하다.'는 이유로 이해할 수 없는 학교폭력에 시달렸다. 내담자는 왕따를 당하였고 친구가 전혀 없었다. 또 큰아버지 집에서 지낼 때 큰아버지와 큰어머니가 싸우기만 하면 큰어머니가 내담자를 때렸고 큰아버지는 모른 척하였다. 이렇듯 내담자는 중학생이 될 때까지 가정폭력을 당하고 고등학생이 될 때까지 학교폭력으로 방치되어 힘든 시간을 보냈으며 어느 누구에게도 사랑과 관심을 받지 못하는 환경 속에서 자라 부정적인 정서를 가지게 되었다. 중학교에 가면서 아버지가 내담자와 함께 살 집을 마련하여 아버지와 살게 되었는데 아버지가 1년 전에 재혼을 해서 새엄마와 대학생 이복언니가 생겼으며 지금은 동생이 태어났다.

　내담자는 방학이 끝나고 새 학기가 시작될 때 즈음 개학을 앞두고 학교폭력에 대한 공포가 가장 심하였다. 친구들에게 따돌림을 받는 학교폭력에 관한 악몽을 반복적으로 꿔서 고통이 심했으며, 꿈에서 깨어 일상으로 돌아와도 꿈속에 있는 것 같은 느낌을 자주 받았다. 친구, 가족, 학교 모두 믿을 수 없다고 생각하였고, 불면증에 시달려서 복용하던 수면제를 모아서 자살을 시도하였으며, 학교폭력이 갈수록 심해져서 또다시 자살을 시도하여 손목을 그은 자국 두 줄이 선명하게 흉터로 남아 있다. 고등학교에 들어가면서 친구가 이름을 부르기만 해도 소스라치게 놀라고, 교문 앞에만 서면 숨이 막히고 손이 떨리고 공포감에 사로잡혔다. 학교 교문에서 몇 번 쓰러지는 일로 인해 교사가 알게 되었고 학교폭력이 외부로 드러나게 되었다. 학교에서 의뢰되어 상담을 받게 되었고 3개월 전부터 치료를 받고 있다. 내담자는 현재 익명으로 활동하는 온라인 치킨카페에서 치킨에 관한 내용을 네티즌과 공유하는 것이 유일한 즐거움이다.

내담자와의 미술치료에서는…

내담자는 외상경험 후 정서조절에 어려움이 있었던 경험에 대해서 이야기하는 중 학교폭력을 당한 경험을 이야기하였다. 가장 큰 상처로 남은 것은 학급에서 가정형편이 좋고 예쁘게 생긴 여자친구가 "나는 예쁘니까 너같이 못 생긴 애는 때려도 된다."라고 하면서 내담자를 때렸던 것이라고 하였다. 내담자는 자신감도 떨어지고 자신의 외모에 대해 비관적으로 생각하게 되었으며 무언가를 결정하는 데 어려움을 많이 겪게 되었다고 하였다. 한 번은 초등학교 5학년 때 화장실에서 볼일을 보는데 모르고 문을 잠그지 않았더니 괴롭히던 친구들이 갑자기 문을 열고 내담자를 둘러싸서 웃는 일도 있었다고 하였다. 내담자는 화장실의 문을 겨우 닫았는데 친구들이 다른 칸에 있던 쓰레기통에 물을 받아서 내담자가 있는 칸에 물과 쓰레기를 부었다고 하였다. 내담자는 수치심에 많이 힘들었고 앞으로 또 무슨 일이 생기지 않을까 하는 두려움이 많이 생겼다고 하였다. 이러한 상황에서 겪었던 다양한 감정들과 그 감정을 조절하는 것이 어려웠던 것에 대해 이야기 나누고 부모님, 친구, 친척들로 인해 힘들었던 여러 사건과 관련하여 잡지에서 그림을 찾아보았다.

주방그릇이 깨질 때 나는 소리는 소름이 끼치고 너무 무섭다. 파편들이 튈 때는 어떻게 해야 할지 모르겠다. 어린 시절 주방에 있는 그릇이 다 깨져서 밥을 먹을 그릇도 없었던 기억이 난다.

기와집 지붕과 침대, 책장은 큰아버지 집에 있는 것인데 이렇게 사진으로 보니 좋아 보이지만 내가 본 것들은 다 안 좋아 보이고 부숴 버리고 싶다.

초등학교 때 친구들이 화장실에서 쓰레기통에 물을 받아서 나에게 부었다. 쓰레기통은 필요한 건데 나는 쓰레기통이 싫다. 여기는 쓰레기통이 없는 화장실일 것 같아서 마음 편히 볼일을 볼 수 있을 것 같다.

불면증이 있어서 수면제를 먹었는데 잠이 안 올 때 말고도 수면제가 많이 필요할 때가 있다.

초등학생 때 학교 친구들이 신발을 숨겨 두고 찾으라고 말했었다. 그런데 신발을 찾지 못해서 실내화를 신고 집에 갔다. 많이 울었다.

예쁜 여자는 예쁘니까 다 되는 줄 아나 보다. 재수 없다.

상자 뚜껑에 시계 모양을 그리고 외상기억과 관련한 시간을 표현하였다. 노란색으로 표현한 오전 9시~오후 3시는 학교에서 친구들에게 시달렸던 시간이고 오후 6시~9시는 큰어머니가 내담자를 때렸던 시간이라고 하였다.

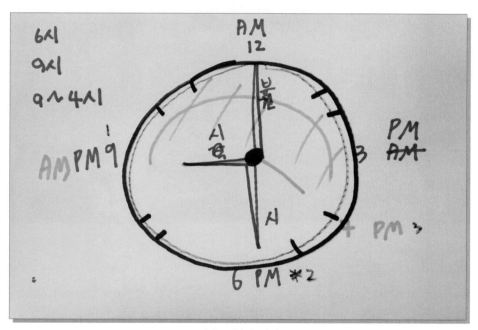

시계 모양과 시간

시간을 표시하고 난 후, 잡지에서 오린 그림을 보면서 상자 안에 하나씩 넣었다. 상자 안에 조명등을 넣어서 불을 켜고 외상의 기억을 담고 있는 상자를 바라보았다. 내담자에게 상자 안을 보니 어떠냐고 질문하자 "괜찮아요. 이제는 무뎌졌어요."라고 하면서 불을 더 많이 켜고 싶고 상자 뚜껑까지 닫고 싶다고 하였다.

불이 켜진 기억 상자

내담자와 천천히 호흡을 하고 나서 "조~금 마음이 편안해진 것 같아요."라고 하여 부정적이고 힘들었던 시간을 멈추는 의미를 담아 조명등의 불을 껐다. 마음을 차분히 할 수 있는 시간을 갖고 나서 "아까보다 잘 보이지 않는데 조금 기억이 정리된 건가?"라고 말한 뒤, "아직 불을 끄는 건 싫어요."라고 하였다. 내담자는 "사실 아까 말은 괜찮다고 했었는데 안 괜찮았어요. 아직 마음하고 머리에 그 기억을 다 못 지운 것 같아요."라고 하였다. 그리고 내담자가 당한 사건을 밝히고 '잘 견뎠다. 착하다.'는 인정을 받고 싶다고 하였다. 그래서 내담자에게 한 번에 힘든 기억이 정리되고 마음이 안정되는 것은 불가능하므로 지속적으로 자신의 부정적인 감정을 조절하고 다스릴 수 있도록 노력해야 하는 것에 대해 이야기 나누었다.

내담자는 온라인상에서 치킨에 관한 글 중에 닭 조리법을 올려 공유하고 좋은 반응을 들을 때가 가장 좋고 존재감을 느낀다고 했다. 앞으로 좋은 기억들을 더 만들어 보고 그 기억을 떠올리면서 힘든 기억과 부정적인 감정을 차단시킬 수 있는 내적인 힘을 찾아볼 수 있도록 이야기하면서 마무리하였다.

사례 2.

외상후 스트레스장애, 초등2, 여

내담자의 외상에 대하여…

내담자는 1년 전에 엄마가 동네에 아는 이모네 집에서 놀고 있으라고 해서 이모네 집에 갔었다. 이모와 이모의 친구 2명이 있었는데 한 명은 아줌마였고 한 명은 아저씨였다. 내담자가 방에서 혼자 놀고 있었는데 아저씨가 들어와서 자신을 끌어안고, 처음에는 예쁘다며 머리를 쓰다듬다가 얼굴을 만지고, 나중에는 몸의 여러 곳에 손을 넣어 만지며 성추행을 하였다. 내담자는 그때 기분이 매우 이상했는데 누구에게도 말할 수 없었고 나중에 그 아저씨의 행동이 옳지 않은 행동인 것을 알았다. 내담자는 큰 눈동자가 자신에게 점점 다가와 몸을 묶어 꼼짝할 수 없게 만드는 밧줄로 변하는 꿈을 반복적으로 꿨다. 학교에도 가기 싫고, 밥도 먹기 싫고, 누워서 잠을 자기도 싫어서 앉아 있다가 잠이 들곤 하였다. 특히 그 아저씨처럼 생긴 남자를 보면 소스라치게 놀라고 발이 떨어지지 않았다. 내담자가 짜증이 많아지고, 잘 울고, 옷 벗기를 꺼려하여 내담자의 어머니가 "이상하게 요즘 왜 자꾸 그러니?"라고 물어봤지만 대답할 수 없었다. 내담자는 사건 이후 남자 어른을 보면 무서워서 피하고 아버지에게조차 과민한 반응을 보이며, 사소한 일에 잘 울고 화가 나면 참지 못하고, 손톱 밑에 피가 나도록 손톱을 물어뜯는 행동을 하였다. 엄마와 둘이서만 자신의 방에서 잠을 자려고 하고, 학교에서 돌아왔을 때 엄마가 없으면 울고 소리를 지르며 계속 전화를 하는 등, 엄마와 떨어지지 않으려고 하였다. 잠을 자다가도 뭔가에 놀란 듯 깼다가 다시 잠드는 수면장애를 겪는 증상으로 상담을 받게 되어 내담자의 외상경험에 대해 알게 되었다.

내담자와의 미술치료에서는…

  내담자는 정서조절에 어려움이 있었던 자신의 경험에 대해 하나씩 이야기하였다. 부모님이 혼을 낼 때
눈물이 나고 친구가 괴롭히면 마음이 아프고 무서운 꿈을 꾸면 잠이 오지 않고 무서워진다는 이야기를
먼저 하였다. 그리고 1년 전 있었던 외상사건에 대해 "그게…저번에…이모 집에 갔는데…"라고 하며 조심
스럽게 이야기를 꺼냈다. 그러나 내담자는 그 사건을 계속 이야기하는 것에 대해 거부반응이 있었기 때문
에 치료사는 먼저 내담자에게 기억을 담을 수 있도록 잡지에서 그림을 찾게 하였다. 하지만 처음에는 잡
지를 반복하여 넘기기만 해서 치료사가 "똑같지 않아도 되니까 할 수 있는 만큼 찾아보자."고 말해 주었
다. 그러자 내담자는 잡지를 넘기면서 잠시 눈치를 보는 듯 하다가 천천히 사진을 찾아 차근차근 손으로
사진의 모양을 따라 찢었다. 내담자는 여자아이, 여자의 몸, 나이 많은 아저씨, 남자의 손, 방, 폭탄·폭파
사진을 찾았다.

귀여운 여자아이가 이상한 일을 당할까 봐 걱정된
다. 이상한 아저씨가 이 여자아이에게 다가간다면
"안 돼!"라고 크게 소리쳐서 도망갈 수 있도록 도와
주고 싶다.

여자의 몸을 보니 몸의 여기저기가 따갑고 아픈 것
같다. 이렇게 짧게 입고 있으면 안 될 것 같아서 몸
을 전부 다 가려 주어야 할 것 같다.

나이 많은 아저씨의 눈빛이 너무 싫어서 모자를
씌워 얼굴을 가렸다. 얼굴이 다 가려졌으면 좋겠
고 사진을 찢어 버렸으면 좋겠다.

남자의 손은 예쁜 손이 아니라 미운 손과 나쁜 손
이다. 나쁜 손을 가진 사람은 차라리 손이 없는 게
낫겠다. 그래야 앞으로 나쁜 짓을 하지 않고 반성
하면서 착하게 살 수 있을 것 같다.

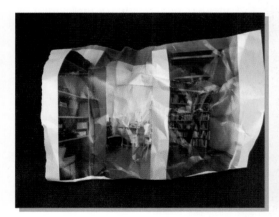

이 방은 똑같지 않은데 사건이 일어난 방을 떠올
리면 몸에 힘이 빠지고 움직여지지 않는다. 어쩌
면 안전한 곳은 없는지도 모르겠다.

폭탄을 보면 나이 많은 아저씨, 남자의 손, 방을 모
두 폭파시키면 좋겠다. 방에 나이 많은 아저씨와 남
자의 손을 넣고 폭탄을 터트리면 완벽할 것 같다.

내담자는 치료사와 함께 측면에 손잡이 구멍이 있는 운동화 상자의 앞 면을 오려 내고 OHP필름을 붙여서 상자 뚜껑을 닫아도 안이 들여다보이도록 만들었다. 칼을 사용하는 것은 힘이 들고 위험해서 치료사가 도와주었다.

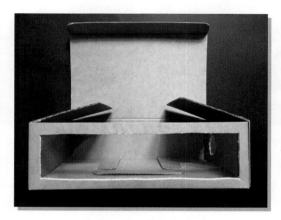

안이 보이는 상자의 앞 면

상자 뚜껑에 시계를 그려 주고 "4~5시는 싫어요. 다른 시간도 싫어요."고 하면서 시침과 분침을 여러 개 표현하였다. 내담자는 그 나이 많은 아저씨의 무서운 눈을 피하려고 얼굴을 돌렸는데 벽에 걸린 시계가 보였고 작은 바늘이 4와 5의 사이에, 큰 바늘은 7에 있었던 기억이 자꾸만 난다고 하였다. 내담자는 오후 4~5시가 되면 의식적으로 시계를 보지 않으려고 한다고 했다.

시계 모양과 시간

　내담자는 시간을 표현한 상자 안에 찢어 둔 사진을 하나씩 힘껏 구겨서 넣고 상자의 뚜껑을 닫았다. 그리고 상자의 손잡이 구멍에 북라이트를 조심스럽게 넣었다. 밖에 나와 있는 북라이트의 전원버튼을 눌러 불을 켜고 바라보면서 다시 그때가 생각난다며 말하기 머뭇거리는 태도를 보였고 "짜증나고 무섭고 힘들어요. 폭탄이 빨리 터졌으면 좋겠고 불을 끄고 싶어요."라고 하였다.

불이 켜진 기억 상자

　내담자에게 천천히 깊게 숨을 들이쉬고 내쉬도록 해 보자 "이거하면 기분이 좀 좋아져요?"라고 하면서 따라하였다. 그리고 내담자가 생각하는 불편한 방의 이미지 대신에 좋아하는 친구나 가족과 함께 있을 수 있는 방이나 휴식 공간 등 안전한 장소를 연상해 보도록 하였다. 이러한 활동과 함께 기억을 정리한 뒤, 건전지 조명등의 불을 끄고 "불을 끄니까 편해지고 어두우니까 좋아요. 이제 폭탄이 터져서 기억이 사라져 버렸으면 좋겠어요."라고 말하며 한숨을 쉬었다.

불이 꺼진 기억 상자

내담자는 자신에게 있었던 좋은 일 또는 자신을 가치 있는 사람이라고 느끼게 해 주는 긍정적인 기억으로 외상이 일어나기 전 엄마의 계모임에서 심부름을 했는데 아주머니들에게 '예쁘고 착한아이'라는 말을 들었을 때를 이야기하면서 칭찬받을 때 기쁘다고 하였다. 작은 손전등의 불이 꺼지듯 "그 아저씨의 눈빛과 내 몸을 만지는 기분 나쁜 기억도 지워졌으면 좋겠어요." 라고 하였다.

내담자가 '왜 나에게 이런 일이 생기지? 내가 그때 그곳을 가지 않았더라면……' 하는 생각을 많이 한다고 하여 치료사는 내담자의 잘못이 아니고 병이 나면 치료를 받듯이 나쁜 기억들과 힘든 마음도 치료를 받으면 나아질 수 있다는 이야기를 해 주었다. 그리고 내담자가 안전하다고 느끼는 장소를 생각하거나 만들고 싶은 좋은 기억을 떠올리는 등 부정적인 정서를 차단시킬 수 있는 다양한 방법에 대해 알려 주었다. 내담자는 "앞으로 나쁜 기억이 떠오르면 불을 켜고 끄면서 좋은 기억을 떠올려 봐야겠어요." 라고 하였다.

▌Tip

어두운 장소와 관련된 외상을 가진 내담자가 아니라면 상자 안을 비추기 위해 조명등을 켤 때 건전지 조명등의 불빛만을 보고 이야기 나눌 것이라고 설명한 후, 치료실전등을 끄거나 조도를 낮추는 등 실내를 어둡게 만들어 상자의 불빛에만 집중하도록할 수 있다.

3 마음의 밭

▌목표

1. 외상경험 이후 겪고 있는 자신의 부적응적인 정서를 탐색할 수 있다.
2. 외상경험으로 인한 부적응적인 정서를 조절해야만 하는 이유를 인식할 수 있다.

▌준비물

밭을 찍은 다양한 사진, 잡지, 도화지, 아크릴 또는 수채 물감, 크레파스, 가위, 풀

▌활동방법

1. 외상경험 후 느끼고 있는 자신의 감정은 주로 어떤 것들이 있는지 생각한다.
2. 밭을 찍은 다양한 사진을 보며 밭에 키우는 경작물 또는 밭의 모양 등을 살펴본다.
3. 내 마음에도 밭이 있어서 그 밭에 다양한 감정의 씨앗이 뿌려져 있다면 현재 어떤 감정이 어느 정도의 크기로 '내 마음의 밭'을 차지하고 있는지 생각한다.
4. '내 마음의 밭'에서 자라고 있는 감정의 씨앗을 종류와 크기에 따라 도화지에 물감을 이용하여 색으로 나타내거나 크레파스로 그림을 그리는 등 자유롭게 표현한다.
5. 감정의 씨앗을 현재 느끼는 그대로 키웠을 경우 앞으로 내 인생에 일어나게 될 것 같은 일들을 나타내는 상징이나 상황을 잡지에서 선택하여 '내 마음의 밭'에 자라

고 있는 감정 씨앗을 그린 도화지에 콜라주로 표현한다.

6. 표현된 작품을 보면서 지금 자신의 인생에서 적어지거나 없어져 버렸으면 좋을 것
  같은 감정은 어떤 것인지, 많아지거나 자주 드러나면 좋을 것 같은 감정은 어떤 것
  인지 생각하여 이야기한다.

7. 활동 후 느낀 점에 대해서 이야기 나눈다.

☆ 이렇게도 할 수 있어요

'활동방법 4'에 따라 도화지에 감정의 씨앗을 표현한 후 '활동방법 5'는 다른 도화
지에 별도로 표현할 수도 있다.

사례 1.

외상후 스트레스장애, 23세, 여

내담자의 외상에 대하여…

2년 전 내담자는 어머니와 여동생 두 명과 함께 여러 세대가 함께 거주하는 다세대 주택에서 생활하고 있었다. 여러 세대가 함께 생활하다 보니 대문은 잠겨 있는 날보다는 그냥 닫아 놓거나 고리를 살짝 걸어 놓는 날이 많았다. 사건이 일어난 날 내담자는 복층으로 되어 있는 다락방에서 밤 늦게까지 책을 보다가 혼자 잠이 들었고 아래 단칸방에는 엄마와 여동생 두 명이 자고 있었다. 내담자는 잠결에 뭔가 섬뜩한 느낌이 들어서 눈을 떴는데 어슴프레한 어둠 속에서 덩치 큰 남자 한 명이 자기 발 밑에 서 있었고 눈을 뜬 내담자와 눈이 마주치자 입꼬리를 올리며 씩 웃었다. 너무 놀라 소리를 지르려고 하는 순간 그 남자가 내담자를 덮쳐 목을 조르며 잠옷 바지를 벗기려 하였다. 내담자는 필사적으로 몸부림치며 소리를 질렀다. 몸 위에 올라타서 누르는 남자의 힘을 당하지 못하여 내담자가 숨을 쉴 수 없을 정도가 되었을 때 마침 내담자의 어머니가 잠결에 들은 비명 소리에 잠에서 깨셨고 내담자의 이름을 부르기 시작하자 그 남자는 급히 다락방 계단을 뛰어 내려가 내담자의 어머니를 밀치고 밖으로 도망을 갔다.

그 후 내담자는 그 남자가 다시 자신을 찾아올 것만 같은 극심한 공포로 집에 들어가지를 못해서 외할머니 댁으로 거처를 옮겼다. 두 달 동안 외가에서 지냈지만 극심한 두려움으로 도저히 사건이 일어난 집에 들어갈 수가 없어서 결국은 가족 모두 이사를 했다. 이사를 했음에도 지금까지 내담자는 범인과 눈이 마주쳤을 때 자신을 바라보며 입꼬리를 치켜 올리며 웃던 모습이 집요하게 떠올라 잠에 쉽게 들지 못하고 있다. 사고 후 2년이 지났지만 아직도 덩치 큰 남자가 자신의 몸에 올라타서 꼼짝할 수 없었던 기억과 목을 조를 때 숨이 막혔던 순간, 자신의 잠옷 바지를 벗기려 하던 차가운 손이 생생하게 재경험되는 증상을 겪고 있다. 아래층에서 잠든 엄마를 깨우기 위해 목이 졸리면서도 소리를 지르려고 몸부림쳤지만 목에 뭐가 걸린 듯 두려움에 소리가 나오지 않았던 순간과 아무리 소리를 크게 지르려고 해도 목이 졸려서 목쉰 소리 같은 비명을 겨우 질렀던 순간이 반복적으로 자꾸만 떠올라 극심한 신경 쇠약 증상을 보이고 있다.

또한 길을 지나가거나 대중교통을 이용하다가 그 남자처럼 덩치가 큰 사람을 만나게 되면 그 사람이 당장 자신에게 달려들어 목을 조를 것만 같은 공포감에 사로잡혀 어떻게든 그 자리에서 벗어나야 된다는 일념으로 목적지와 상관없이 뛰거나 타고 있던 버스나 지하철에서 하차를 해 버린다. 내담자는 지금도 TV 드라마나 영화를 볼 때 여자 혼자 밤길을 걷는 장면이나 여자가 위험에 처하는 장면을 볼 때는 숨이 막히고 가슴이 두근거려 자신이 죽을 것같이 끔찍하게 느껴지고, 어둡거나 외진 곳에는 절대로 혼자 갈 수 없는 공포증에 시달리고 있다.

내담자와의 미술치료에서는…

내담자는 요즘 자신이 주로 느끼는 감정은 두려움과 공포라고 이야기하였다. 밭을 찍은 사진을 본 후 내담자의 마음의 밭을 표현해 보자고 하니 마음의 밭을 그림으로 그리기는 어려울 것 같지만 색으로는 표현할 수 있을 것 같다고 하였다. 도화지에 크레파스로 선을 그어 땅을 표시한 후 검정색, 올리브 그린색, 청록색 아크릴 물감을 짜서 자신의 마음 밭에 뿌려져 있는 감정의 씨앗을 표현했다.

마음 밭에 뿌려진 감정의 씨앗

마음 밭 고통스러운 감정의 표현

그리고 치료사에게 물감을 긁을 수 있는 도구를 달라고 요구하였다. 치료사가 플라스틱 재질의 스크래퍼를 찾아 주었더니 내담자는 짜 놓은 물감을 스크래퍼로 긁기 시작하였다. 물감을 반복적으로 문지르고 긁으며 "할 수만 있다면 2년여 동안 시달린 나의 두려움, 공포의 감정을 모두 긁어 내고 싶다."라고 하였다.

그 감정을 그대로 키웠을 때 어떤 일들이 일어날 것 같은지를 생각해 보고 그 이미지와 겹쳐지는 물건이나 상황을 콜라주로 표현하도록 하였는데 내담자는 핫플레이트, 심해(깊은 바다), 시든 꽃, 쇠로 만든 도구들, 결혼식 장면을 선택하였다.

핫플레이트를 고른 이유는 가스레인지처럼 활활 타오르는 불꽃이 없어도 순식간에 강한 열로 음식을 태우기 때문이다. 이 두려움과 공포의 감정을 계속 가지고 가면 자기 자신 역시 어느 순간 새까맣게 타 버릴 것 같다.

심해 사진을 선택한 이유는 깊은 바다 속처럼 자신은 어떤 도움의 손길도 닿지 않는 깊고 어두운 바다 속에 가라앉아 있기 때문이다. 이 깊은 바다에서 결코 나갈 수 없을 것 같다. 그 깊은 바다 속에서는 자신의 의지대로 할 수 있는 것이 아무것도 없어 너무 무섭고 두렵다.

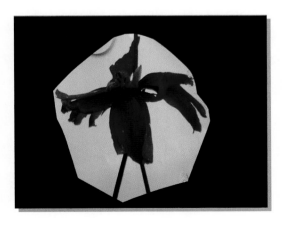

시든 꽃을 선택한 이유는 자신의 모습이 꼭 이렇게 시들어 버린 꽃 같기 때문이다. 사람들은 자신을 보고 한창 밝고 예쁜 나이라고 하지만 정작 자신은 시들어 버린 꽃처럼 힘도 없고 구질구질한 것처럼 느껴진다. 도무지 예쁜 것이라고는 하나도 없고 어디 하나 쓸 데가 없는 시들어 버린 꽃 같다.

망치와 갈고리 같은 쇠로 만든 여러 가지 도구들은 자신을 지키고 싶다는 생각에 선택한 것이다. 자신을 보호하기 위해서는 날카롭고 단단한 도구가 필요할 것 같고, 무엇보다 복수를 하고 싶은 마음이 크기 때문이다. 자신은 복수할 힘이 없지만 누군가가 그 남자에게 복수해 주기를 바라는 마음은 정말 간절하다.

결혼식 장면을 보니 자신을 지켜줄 사람이 필요하고 보호받을 곳이 있었으면 좋겠다는 생각이 들어서 선택하였다. 자기 마음의 밭에 있는 감정 중에서는 아주 작고 약한 감정이지만 이제는 다시 행복을 찾고 싶다는 꿈을 꾸고 싶은 마음이 있다.

감정의 씨앗이 자라서 만든 불행한 미래

내담자는 그동안 매일 '내가 죽을 것만 같다.'는 공포와 '다시 그 남자가 나를 찾아오면 어떻게 할까?'라는 두려움을 느꼈었다고 하였다. 내 마음의 밭을 표현해 보는 작업을 통해 이러한 감정을 자신이 직접 마주 대하여 보고 나니 자신을 힘들게 하는 감정을 계속 가지고 있거나 키워 가면 결국 자신은 죽을 수밖에 없다는 것을 깨달았다고 하였다. 현재 느끼는 두려움만 생각하고 살았는데 이 작업을 하고 난 후에는 더 이상 두려움이 커지도록 나둬 버리면 자신의 삶이 산산조각 날 것 같다는 생각이 들었다고 하였다.

미술치료를 하며 자신을 지배하고 있는 감정 중 적어지거나 없애 버리고 싶은 감정은 공포와 두려움이고 많아지거나 자주 드러내면 좋을 것 같은 감정은 안전하다는 안정감, 다시 행복해질 수 있다는 희망이라고 하였다. 내담자는 이제 막 꿈꾸기 시작한 작은 희망이지만 그 희망의 씨앗을 잘 키워서 다시 푸른 잎이 자라고 꽃이 피는 튼튼한 나무가 되기를 바란다며 작업을 마무리하였다.

고통스러운 미래를 덮는 작은 희망

사례 2.

외상후 스트레스장애, 38세, 여

내담자의 외상에 대하여…

내담자는 4년 전 친구들과의 저녁 식사 모임 후 둘째 자녀와 함께 자신이 운전하던 차를 타고 가던 중 교차로에서 신호를 위반한 차와 충돌하는 큰 교통사고를 당하였다. 충돌 사고 시 자녀가 머리를 크게 다쳐 대학병원으로 실려 갔는데 응급실 당직 의사가 "이 아이는 살 가망이 거의 없다."고 하였다. 둘째 자녀는 그 때 5살이었는데 지금까지 4년에 걸쳐 다섯 차례 큰 뇌수술을 하였다. 사고로 자신도 다리를 심하게 다쳤지만 자녀가 죽을 지도 모른다는 공포가 한순간도 떠나지 않고 내담자를 지배하였다.

내담자는 한번 수술실에 들어가면 10시간이 넘게 진행되던 자녀의 대수술을 몇 차례 경험하며 자녀가 교통사고 후 피투성이가 되어 의식을 잃고 쓰러져 있던 모습과 전신마취 후 핏기 하나 없이 창백하게 누워 있던 모습이 번갈아 떠올라서 구역질을 하거나 사고 순간이 반복되어 생생하게 재연되는 악몽에 시달리는 등 극심한 고통을 겪고 있다.

수술이 잘되어 자녀의 생명은 구했지만 언어와 인지능력이 또래보다 심각하게 지체되는 장애를 가지게 되었다. 살려만 달라고 수없이 기도를 했지만 막상 자녀가 또래들처럼 말하고 행동하지 못하는 장애를 가지게 되자 극심한 우울증에 시달리며 체중이 급격하게 늘어나기 시작하였다.

내담자는 사고 후 운전을 전혀 하지 못하고 있고 특히 밤에는 택시나 버스 대신 많이 걷게 되더라도 무조건 지하철만 이용하고 있다. 내담자는 매일 사고 장면과 수술 장면이 겹쳐지는 악몽에 시달려서 잠들기가 겁이 난다. 극심한 무력감이 내담자를 지배하여 설거지, 청소 등 집안 살림을 계속 미뤄 놓고 친구들과의 모임이나 부부 동반 모임에 나가서 사람들을 만나지도 못하고, 별일 아닌 일에도 과민해져서 남편이나 첫째 자녀에게 이유 없이 분노를 폭발시키거나 갑자기 대성통곡을 하는 증상을 반복해서 겪고 있다.

내담자와의 미술치료에서는…

내담자는 자신의 마음 밭에는 절망감과 의문, 긴장, 체념과 후회, 부러움과 서운함의 감정 씨앗이 뿌려져 있는 것 같다고 하였다. 가장 많고 크게 자리를 잡은 절망감은 교통사고로 인해 자녀가 장애를 가지게 된 것인데 "아들이 앞으로 살아갈 것을 생각하면 너무 깊은 절망감이 느껴지고 마음이 괴롭고 힘이 든다."고 하였다. 그다음으로 큰 감정의 씨앗은 의문이라고 하였다. "도대체 왜 나에게? 왜 우리 아들이? 내가 무엇을 잘못해서 우리 가족이 이렇게 큰 고통을 겪어야 하는 것인지 모르겠다."고 하였다. 누가 자신에게 이야기라도 해 준다면 이렇게 분하고 원통하지는 않을 것 같다며 "길 가다가 물벼락 맞은 것처럼 너무 억울하고 어디 가서 하소연할 곳도 없고, 자신과 자녀의 고통을 보상도 받을 수 없는 마음에 답답함이 끊임없이 생겨난다."고 하였다. 그리고 뇌수술을 여러 번 한 자녀가 또다시 아프게 될까 봐 늘 전전긍긍하며 살아야 하는 것도 너무 힘이 든다고 하였다. 발달이 늦은 자녀의 인지, 언어 때문에 치료실을 다녀야 하는 것도 '끝이 있긴 할까?'라는 생각 때문에 자신에게는 늘 긴장거리가 되는 것 같아 자신의 긴장도가 너무 높다고 하였다. 늘 초긴장 상태에 있다 보니 자신도 자주 아프고 우울감에도 자꾸 깊게 빠지는 것 같다고 하였다.

부러움과 서운함은 주변 사람들한테 느껴지는 자신의 감정으로 자신의 자녀는 여러 번의 뇌수술 후 감염 위험과 상처의 재발 위험 때문에 외식도 못 나가고 여행은 꿈도 못 꿔서 또래의 건강한 아이들을 볼 때 특히 많은 부러움이 생기기 때문이라고 하였다. 그리고 특히 가족들끼리 주말마다 여행가고 나들이 가는 주변의 가족을 볼 때는 부러움과 함께 이유 없는 서운함과 서러움이 교차한다고 하였다.

마음 밭의 감정 씨앗

내담자는 이러한 감정의 씨앗이 커졌을 때 자신에게 일어날 것 같은 일을 떠올리며 다른 도화지에 9장의 이미지를 잡지에서 찾아 오려 붙였다.

미친 여자를 선택한 이유는 자신도 이 여자처럼 점점 미쳐 가는 것 같기 때문이다. 지금처럼 지내면 언젠가는 정말 모든 것을 놓아 버린 미친 여자가 될 것만 같다.

고개 숙인 남자와 혼자 고개를 숙이고 걸어가는 중년 여성이 꼭 자신처럼 우울해 보인다. 자신은 시간이 아무리 많이 흘러도 이 우울에서는 결코 벗어나지 못할 것 같다.

화재로 타버린 건물을 고른 이유는 불에 타 버린 건물처럼 자신의 마음도, 감정도 결국은 새까맣게 타 버릴 것 같기 때문이다.

패딩을 입은 여자는 뚱뚱해 보이고 무거워 보인다. 무기력감으로 자신도 계속 살이 찌고 있다. 살이 찌니까 몸이 더 무겁고 귀찮아 덜 움직이게 되고 조금만 움직여도 피곤하고 힘이 든다. 몸이 피곤하면 짜증감과 우울감이 몇 배나 더 심하게 치밀어 오른다.

여러 개의 붓으로 많은 색을 흩뿌려 놓은 그림을 보며 떠오른 생각은 '산만하다.'였다. 자신은 원래 아주 계획적이고 논리적인 사람이었다. 그러나 사고 이후 계획을 세워 본 기억이 단 한 번도 없다. 어떤 상황에 부딪히면 모든 이성적 사고와 논리적 사고가 무시되고 자신은 감정과 감성에 따라 행동해 버린다. 그래서 그림 속의 어지러운 색과 붓의 흔적들처럼 자신의 삶도 정리되지 않고 모든 것이 들쑤셔 놓은 상태로 너무 산만하고 혼란스럽다.

해가 져서 어두워지는 골목처럼 항상 자신에게는 어두움이 엄습해 있다. 해가 뉘엿뉘엿 넘어갈 때 느끼게 되는 우울감이 생활 전반에 깔려 있는 것 같다. 화와 분노가 끊임없이 치밀어 올라 결국은 폭발시켜 버리는 괴물이 되어 가는 것 같아 슈렉을 선택하였다.

'별이 빛나는 밤'을 그린 고흐는 자신이 알기로 자살을 했다고 하는데 자신도 점점 미쳐 가서 어쩌면 자살을 하게 될지도 모르겠다는 생각이 들어 선택하였다.

내담자는 미술치료 후 느낀 점을 나누면서 자신은 그동안 우울증으로 병원 치료도 받았고 약도 복용하고 있었지만 약을 먹어도 증상이 나아진다는 생각은 전혀 못했었다고 하였다. 오히려 더 깊은 우울감으로 자꾸 빠져들면서 별일 아닌 일에도 가족들에게 자꾸 화를 폭발시키고 몇 시간씩 대성통곡을 하는 행동을 계속했었다고 하였다. 그러면서 가족에게 미안한 마음이 들거나 자신의 미래가 불안해지면 '내가 힘들어서 그런 거니까, 의사선생님이 힘든 마음을 참지 말고 다 표현하라고 했으니까'라며 계속 자신의 행동을 합리화시켜 왔다고 했다. 그러나 자신의 마음 밭에 뿌려진 우울, 산만함, 화와 분노, 자살 충동 등 감정의 실체를 들춰 보고, 그 감정이 자신을 끌고 가게 내버려 뒀을 때 일어날 일들을 이미지로 찾아 놓고 보니 자신에게 큰 충격으로 다가온다고 하였다.

사고 후 4년여 동안 살아도 사는 것이 아닌 것처럼 살아왔는데 자신과 가족의 미래가 자신의 힘든 마음 때문에 결국은 엉망이 되어 버리는 것은 정말 아닌 것 같다고 하였다. 자신의 감정을 조금씩 다스려 보아야겠다고 하였고 구체적인 실천방안을 탐색해 보았다. 내담자는 우선 매일 밤 집 근처 학교 운동장에 가서 규칙적으로 걷기 운동을 해서 살을 빼야겠다고 결심하였고 "오늘 당장 미용실에 가서 펌을 해야겠어요."라고 하였다. 새로운 결심을 한 자신에게 예뻐질 수 있는 상을 주고 싶고, 자신이 더 이상 미쳐 가지 않기 위해 무엇을 해야 할지 심각하게 고민을 해 보아야겠다며 구체적인 실천 방법들을 탐색하고 회기를 마무리하였다.

감정의 씨앗이 자라서 만든 불행한 미래

3 왜곡된 자기지각 바라보기

짚고 가기

외상은 자신을 바라보는 방식에 영향을 준다. 외상경험은 자신에 대한 느낌과 자신의 미래에 대한 전망을 부정적으로 바꾼다. 외상은 자신의 일부가 망가지거나 부서지고 더럽혀졌다는 느낌으로 자신의 손상을 경험하게도 한다. 외상경험을 하게 되면 스스로가 외부의 힘을 통제할 수 없을 정도로 무기력하다고 믿기 쉽다. 이러한 자신에 대한 부정적인 시각은 외상을 극복하는 데 걸림돌이 된다. 외상경험 이후 자신을 바라보는 방식이 어떻게 변화되었는지를 시각화시켜 확인하는 과정은 자신의 현재 인식을 객관적으로 바라보는 데 도움이 된다. 그리고 외상을 극복하는 데 필요한 좋은 자원을 찾기 위해 자신을 돌보고, 자신에 대한 긍정적인 감정을 증가시키며, 자신의 강점을 찾고 자기 확신을 가지도록 돕는 과정은 중요하다.

외상으로 인한 관계 변화를 도망거리로 표현하여 외상경험으로 인한 관계의 단절, 회피 등의 영향을 인식할 수 있다. 자신의 신체 일부인 손금의 일부를 살펴보며 자존감을 회복하는 과정을 도울 수 있다. 외상사건으로 인한 영향을 표현하고 우드락으로 덮으며 외상경험에 대한 통제감을 가지고, 덮은 모습에서 새로운 형태를 만들어 내는 작업을 통해 자신을 바라보는 방식에도 변화가 가능함을 인식할 수 있다.

1 도망거리

목표

1. 외상으로 인한 관계의 변화에 대해 인식할 수 있다.
2. 관계 회피나 밀착의 이유를 탐색함으로써 심리적 안정감을 유지할 수 있는 관계유형을 찾을 수 있다.

준비물

픽토그램(사람 이미지)*, 스티커(교통, 안내표지판), 잡지 또는 콜라주 박스, 도화지, 유성매직 또는 크레파스, 가위, 풀

활동방법

1. 치료사는 내담자에게 '도망거리'가 무슨 의미일지 자유롭게 표현해 보도록 한다.
2. 길들여진 동물은 '도망거리'가 짧아서 사람이 다가가도 무서워하거나 피하지 않지만, 길들여지지 않은 동물은 '도망거리'가 길어서 사람이 다가가면 경계 자세를 취하거나 불안해하고 도망을 가 버리는 '도망거리'에 대해 이야기 나눈다.

---

*픽토그램: 사물, 시설, 행위, 개념 등을 쉽게 알아볼 수 있도록 상징적인 그림으로 나타낸 일종의 그림 문자. 쉽고 빠르게 정보를 전달할 수 있고 단순하고 의미가 명료하며 세계 어디서나 공통으로 사용할 수 있는 특징이 있다(우등생 전과 초등 5-2세트, 2014).

3. 사람과 사람 사이의 관계에도 심리적인 '도망거리'가 있는데 상황에 따라 그 거리
   가 길어지기도 하고 짧아지기도 할 수 있다는 것에 대해 충분히 이야기 나눈다(예:
   몸이 아플 때는 '도망거리'가 길어져서 타인이 나와 밀착되는 것이 귀찮게 여겨질 수 있다,
   너무 기분이 좋을 때는 '도망거리'가 짧아져 낯선 사람에게도 괜히 친절을 베풀기도 한
   다).

4. 외상경험 후 자신의 심리적 '도망거리'는 누구에게 혹은 어떤 상황에서 짧아지거
   나 길어지는지 탐색한다.

5. 도화지에 현재 자신의 마음이나 모습을 상징하는 것을 그림으로 그리거나 콜라주
   로 표현한다.

6. 자신과 타인의 관계에서 심리적 '도망거리'가 가깝거나 짧은 대상과 상황, 그리고
   '도망거리'가 상대적으로 멀거나 긴 대상과 상황을 그림이나 콜라주로 표현한다.

7. '도망거리'가 너무 짧다면 동일시나 밀착이 일어날 수 있고, '도망거리'가 너무 길
   다면 관계에서 회피나 부담이 생길 수 있음에 대해 이야기 나눈다.

8. 활동 후 느낀 점에 대해서 이야기 나눈다.

☆ 이렇게도 할 수 있어요

'활동방법 5, 6'에서 콜라주로 표현한 뒤, 자신과 '도망거리'가 짧은 사람 또는 '도
망거리'가 먼 사람에게 보내고 싶은 신호(메시지)를 교통표지판 스티커를 붙여 표현
할 수 있다.

사례 1.

외상후 스트레스장애, 중등2, 남

내담자의 외상에 대하여…

학교 수업을 마치고 집에 도착하니 내담자의 어머니가 누군가와 통화를 하며 "많이 다쳤어요?" "정말 괜찮아요?"라고 소리를 지르며 울고 계셨다. 무슨 일이냐고 깜짝 놀라 물었더니 "아버지가 일하시다가 사고를 당하셔서 좀 다치셨다고 경찰에서 연락이 왔어. 빨리 가 보자."라고 하셨다.

택시를 타고 경찰이 말해 준 공원 입구에 도착하니 출입구 한쪽 길가에 여러 대의 구급차와 경찰차가 요란한 사이렌을 울리며 서 있었다. 사이렌이 울리는 여러 대의 구급차와 경찰차를 지나가니 경찰이 택시를 세웠고 택시에서 내려 어머니가 "내 남편 어디 있어요?"라고 비명을 지르듯 외치자 경찰은 앞쪽 바닥에 덮여 있는 거적을 가리키며 "남편이 맞는지 확인하세요."라고 말하였다. 내담자는 미친듯이 달려가서 거적을 들쳤는데 거기에는 전혀 모르는 사람의 시신이 있었다. 뒤따라온 어머니가 "우리 남편이 아니에요."라고 부르짖자 경찰은 사고사한 사람의 지갑에서 나온 신분증이라며 "○○○ 씨가 맞습니다."라는 말을 반복하였다. 내담자가 아무리 살펴봐도 아버지의 얼굴이 아닌데 옷은 낯이 익고 벨트는 작년 아버지 생신에 자신이 선물로 드린 벨트와 모양이 똑같았다. 알 수 없는 기분으로 그렇게 시신 옆에 쪼그리고 앉아 30여 분 동안 시신을 하나하나 살펴보고 있으니 119 대원이 다가와서 "포클레인이 뒤집히면서 아버지가 포클레인에 깔리는 바람에 두개골이 깨어져서 얼굴 모양이 변형된 거란다. 그래서 아마 네가 알고 있는 아버지의 얼굴이 아닐 거야."라며 내담자의 어깨를 두드려 주었다.

그 후 무슨 생각을 하는지도 모르게 정신없이 시신을 수습하고 장례를 치렀다. 장례식을 마치고 난 저녁부터 갑자기 숨을 쉬기가 어려워지고 가슴이 너무 답답해서 미쳐 버릴 것 같았다. 저녁만 되면 택시 안에서 바라보았던 경찰차와 구급차의 사이렌이 계속 눈에 어른거리면서 귓가에 엄청 큰 사이렌 소리가 계속 들렸다.

장례를 치르고 3달이 지났지만 숨을 쉬지 못할 것 같은 답답함과 반복되어 들리는 사이렌 소리, 갑작스레 치고 올라오는 분노감으로 잠을 제대로 못자고 있다. '아버지가 보고 싶고 어머니가 불쌍하다.'는 생각으로 방에서 울다가 내담자는 아주 이상한 경험을 하게 되었다. 갑자기 택시를 타고 공터로 가고 있는 자신을 꿈속에서 보고 있는 듯한 경험을 하게 된 것이다. 경찰차와 구급차의 사이렌이 번쩍거리는 곳을 택시를 타고 지나가는 자신을 보면서 "더 빨리 더 빨리"라고 혼잣말을 하며 너무 신이 나서 펄쩍펄쩍 몸을 흔들었다. 정신을 차리자 온 가족들이 모두 너무 슬퍼하고 있는 때에 구름 위를 떠다니는 듯한 몽롱하면서도 신나는 기분을 느끼는 자신이 너무 나쁘다는 생각이 들었고 자신이 미쳐 가는 것인지 무섭고 걱정이 되었다.

내담자와의 미술치료에서는…

내담자에게 현재 자신의 마음이나 모습을 상징하는 것을 그림으로 그리거나 콜라주 박스에서 이미지를 찾아보라고 하자 도화지 가운데에 웅크리고 앉아서 울고 있는 모습을 그렸다.

내담자 자신의 모습

신호등의 빨간불이 켜지면 건너갈 수 없는 것처럼 자신은 지금 아무것도 할 수가 없다고 빨간불이 켜진 스티커를 손과 다리에 붙였고 누군가가 자신을 도와주었으면 좋겠다며 SOS 스티커를 울고 있는 자신의 모습에 붙였다. 자신의 합리적이고 이성적인 사고는 모두 멈춰 버린 것 같다며 머리에 '정지 STOP' 스티커를 붙였다.

스티커를 붙인 내담자 모습

도망거리가 가장 짧아서 쪼그리고 앉아 울고 있는 자신과 가깝게 딱 붙어 있는 것들은 공포 인형, 사람을 망치로 죽인 핏기 없는 얼굴의 소녀, 많은 칼이 꽂혀 있는 칼집이라고 하였다. 이것들은 자신과 조금의 거리도 없이 완전히 붙어 있다고 하였다. 지금처럼 잠도 못 자고, 먹지도 못하고, 숨도 못 쉬면 자신도 아버지처럼 죽어버릴 것만 같다는 두려움도 크다고 하였다. 그리고 마음속에서 끊임없이 분노가 치밀어 오르면서 견딜 수가 없다고 하였다. 실제로 부엌에서 식칼을 들고 엄마한테 소리를 지르기도 했고 '누구라도 하나 걸리면 칼로 수없이 찔러 죽여 버리고 싶다.'는 생각을 떨쳐 버릴 수가 없다고 하였다.

도망거리가 짧은 대상과 상황

　고통받은 지금의 자신에게 도망거리가 긴 대상과 상황으로는 웃는 모습, 외할머니, 급식과 식사라고 하였다. 학교에서 급식을 먹는데 아이들이 "너는 아버지가 죽었는데도 밥이 넘어 가나?"라고 말을 했고 반아이가 하는 행동이 웃겨서 아무 생각 없이 웃었는데 "너는 아버지가 죽었는데 웃음이 나오냐?"라고 말해서 자신은 이제 "웃지도, 먹지도 못한다."라고 말하였다. 웃는 모습에 공사중 위험, 주차 금지, 정지 스티커를 붙였고 "난 마음이 너무 아파. 빨간 십자가가 병원인가?"라고 혼잣말을 하며 빨간 십자가 스티커를 붙였다. 또 급식판에 담겨진 음식 앞에 손조심 스티커를 붙이고는 "그래 아버지가 돌아가셨는데 내가 밥을 먹으면 안 되지."라고 중얼거리며 음식을 먹는 것에 대한 미안함과 죄책감을 표현하였다.

웃는 것 STOP

급식 금지

　외할머니는 자꾸 전화하셔서 "우리 새끼 불쌍해서 어떡하니?"라고 계속 우시는데 할머니도 속상하신 것은 알겠는데 지금은 자신이 너무 힘들기 때문에 할머니의 울음까지 받아들일 힘이 없다며 전화 금지, 통행 금지, 횡단 금지 스티커를 붙였다.

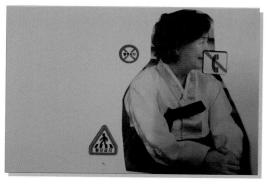

전화, 통행, 횡단 금지

자신의 도망거리를 표현한 후 자신 주변의 종이를 손으로 구기더니 너무 깨끗하게 남아 있는 왼쪽 빈 부분이 싫다고 하였다.

내담자의 도망거리

치료사는 내담자에게 가슴이 답답하고 숨이 막히는 신체화 증상과 친구들에게도 이해받지 못한다는 자기 지각의 변화, 외할머니와 엄마에게까지 까닭 없는 분노감을 표출하게 되는 대인관계의 변화는 외상경험으로 인한 당연하면서도 자연스러운 과정임을 설명해 주었다. 그리고 스스로 자신의 신체로부터 떨어져서 마치 외부 관찰자가 된 것 같으면서 사건의 구성 요소를 다시 경험하게 되는 해리 증상은 이인증으로 극심한 심리적 고통으로 말미암은 것임을 이야기해 주었다. 외상경험은 이처럼 자신을 바라보는 시선을 바꿔 버릴 수 있다는 것을 알아차리는 시간을 가졌다.

사례 2.

외상후 스트레스장애, 고등1, 남

내담자의 외상에 대하여…

내담자가 중학교 1학년 때 학교폭력과 관련하여 괴롭힘을 당한 경험이 있으면 자신을 괴롭힌 학생 이름을 적어 내는 일이 있었다. 그런데 내담자 반의 전학생이 '내담자가 자신을 너무 괴롭히고 왕따를 시켜서 몇 번이나 자살을 하려고 했었지만 혼자 계신 엄마가 너무 슬퍼할 것 같아서 겨우 참고 있다.'는 내용의 신고서를 제출하였다. 내담자는 전학생과 친분 관계도 없었고 괴롭힌 적도 전혀 없었다. 그러나 그 신고서 내용을 믿은 선생님들이 내담자에게 엄청난 폭언으로 수치심을 주었으며 반 아이들 앞에서 무릎을 꿇리고 전학생에게 사과를 시켰다. 내담자는 괴롭힌 적이 절대 없다고 아무리 말해도 어느 누구도 믿어 주는 사람이 없고 특히 선생님들이 자신을 인간 이하의 벌레처럼 취급하는 것에 너무나 큰 심리적 충격을 받았다. 그 사건 후 내담자는 인성 나쁘고 못된 아이로 찍혀서 늘 혼자였고 점심시간에도 친구들의 놀림과 야유가 너무 힘이 들어 급식실에 내려가지 못했다. 아무도 자신의 말을 믿지 않는다는 사실에 억울함이 커졌다. 그렇게 1년이 지나가고 2학년 1학기 초 학교폭력 조사에서 다른 반 학생이 내담자와 똑같은 내용으로 전학생을 괴롭힌 아이로 지적을 당하는 일이 발생하였다. 그러나 그 학생은 적극적으로 항변을 하고 전학생 집에 부모님과 함께 찾아가 전학생의 어머니와 이야기를 나누는 과정에서 전학생이 전학 오기 이전 학교에서도 동일한 내용으로 문제를 일으킨 적이 있었고, 내담자와 다른 반 학생은 전학생을 괴롭힌 사실이 없다는 것이 밝혀지게 되었다. 그러나 이미 내담자는 1년 동안 고통받을 만큼 극심한 고통을 받았고 그 전학생이 거짓말을 했었다는 것이 밝혀졌음에도 어느 선생님 한 분도 내담자에게 사과나 위로를 하지 않았다.

내담자는 그동안 자신이 받은 고통이 너무 크고 전학생의 말만 믿고 자신의 말에는 귀 기울여 주지 않은 선생님들에 대한 실망감과 불신감이 너무 커서 자기 자신을 망쳐서라도 선생님과 친구들이 비난했던 그런 나쁜 사람이 되어 복수하고 싶다는 결심을 하게 되었다. 그래서 어릴 때부터 알고 지내던 동네 친구들과 어울리며 술을 마시고 담배를 피기 시작했다. 수업 시간에 선생님들의 얼굴을 보면 자신을 벌레 취급하며 모욕적인 욕설을 하던 표정이 너무 생생하게 떠올라 고개를 들고 있을 수가 없어 늘 엎드려 있다가 잠이 들곤 했다. 중학교 2학년 때까지 상위권이었던 성적은 최하위로 떨어졌고 선생님들과 학교 아이들은 문제아라는 딱지를 붙여 내담자를 더 괴롭히기 시작하였다. 중학교 3년 내내 학교에서는 왕따를 당하였고 고등학교에 입학해서도 중학교 때 소문이 꼬리표처럼 따라붙어서 학교 다니기 싫어 자퇴하겠다고 하였다.

내담자는 분노 조절이 너무 힘이 들고 초등학교 친구들이었던 학교 밖 친구들 몇 명 외에는 이야기를 나눌 사람이 없으며 미래에 대한 믿음과 희망을 상실한 채 하루하루를 고통스럽게 보내고 있다.

내담자와의 미술치료에서는…

지금 자신의 마음이나 모습을 상징하는 것을 픽토그램 사람 이미지 중에서 골라 표현해 보라고 하자 서 있는 사람 모습의 픽토그램을 골라 붙이고 그 사람 주위에 유성매직으로 창살이 있는 감옥을 그렸다. 자신은 다른 사람들에 의한 '시선의 감옥, 거짓된 믿음의 감옥'에 갇혀 있다고 이야기하였다.

감옥에 갇힌 내담자 자신의 모습

감옥에 갇혀 있는 자신과 도망거리가 짧아서 가장 가까이 올 수 있는 사람은 '세상에 대한 분노가 폭발한 사람, 아니면 아무 것도 안하고 하루 종일 또는 몇 달 동안 잠만 자는 사람, 다른 사람들이 장애인이나 병신이라고 놀리는 불쌍한 사람, 자신처럼 왕따 당해서 혼자 외톨이고 죽고 싶을 정도로 괴로워하는 사람'이라며 사람 이미지의 픽토그램을 선택하였다.

도망거리가 짧은 대상과 상황

자신에게서 가장 거리가 먼 사람은 도화지 오른쪽 제일 상단에 있는 비난하는 선생님, 교문에서 학생들의 출입을 지키는 선도부 선생님, 자신은 좋은 교사라고 스스로 믿으며 가방 들고 학교만 오가는 선생님, 자신에게 화만 내면서 인사 안한다고 불러서 머리를 쥐어박는 선생님, 그리고 오른쪽 제일 하단에 서로 사이좋은 친구들이라고 표현하였다.

도망거리가 긴 대상과 상황

내담자의 분노는 거의 모두 선생님들을 향해 있었고 자신 역시 교사의 보호를 받아야 하는 학생임에도 불구하고 자신의 억울함을 중재하기는 커녕 오히려 선생님들이 자신을 사람 취급도 하지 않았던 분함이 고스란히 전달되었다.

이런 심리적 외상의 결과 내담자가 자신을 재희생하려고 술과 담배 등 선생님의 비난을 정당화시키는 행동들을 선택하고 있음을 알아차릴 수 있도록 치료사는 내담자가 느꼈던 수치심과 자신이 상처받았다는 느낌, 누구에게도 이해받지 못한다는 느낌, 지속적으로 느꼈던 무력감을 충분히 공감해 주었다. 내담자가 자기 자신을 바라보는 방식의 변화로 인해 좌절감 및 절망감으로 자신을 재희생시키는 선택을 철회하도록 이후의 치료가 진행될 것이라고 설명하고 회기를 마무리하였다.

내담자의 도망거리

손금

2

▌목표

1. 외상이 자신의 인생에 어떠한 영향을 미쳤는지 탐색할 수 있다.
2. 외상경험으로 왜곡된 자신을 바라보는 방식을 긍정적으로 변화시킬 수 있다.

▌준비물

OHP필름, 네임펜

▌활동방법

1. 외상경험이 자신의 인생에 어떠한 변화를 가져왔는지 탐색한다.
2. 자신의 운수ㆍ길흉화복 등에 대해 생각해 볼 수 있는 여러 가지 방법 중에서 손금
   에 대해 이야기 나눈다.
3. 양손바닥을 펴고 손바닥의 손금을 관찰한다. 양손의 손금이 똑같을 것 같지만, 양
   손의 손금이 조금씩 다름을 살펴본다.
4. 양손 중 마음에 드는 손의 손금을 고른다.
5. OHP필름 위에 자신이 마음에 드는 손을 올려 네임펜으로 손을 본뜬다.
6. 치료사와 생명선, 두뇌선, 감정선, 운명선, 재운선 등의 손금이 가지는 의미에 대
   해 이야기 나눈다.

7. 외상 전의 삶과 외상 후의 삶의 변화에 대해 이야기 나누고 미래의 삶이 어떠할 것 같은지 예측한다(치료사는 내담자에게 외상경험으로 인해 자신이 손상된 것이 아님을 인식하도록 돕는다).

8. 자신의 손을 본 뜬 OHP필름을 뒤집은 후 외상 전의 삶과 외상 후의 삶이 모두 포함되도록 손금을 그린다. 손금은 길이, 두께, 색 등으로 다양하게 표현하도록 한다. 자신이 그린 손금을 보며 치료사와 이야기 나눈다.

9. 활동 후 느낀 점에 대해서 이야기 나눈다.

사례 1.

외상후 스트레스장애, 58세, 남

내담자의 외상에 대하여…

　내담자는 5년 전 일을 하다가 기계에 손끝이 빨려 들어가 오른쪽 손가락 4개를 절단하였다. 병원 치료 후에도 손가락이 있는 것처럼 간지러움이 느껴지는 환지통(Phantom limbpain)에 시달렸다. 손을 확인해 보면 오른쪽 손가락이 없다는 사실에 엄청난 절망감이 들어 힘이 들었다. 붕대를 푼 자신의 오른손은 흉칙함의 극치였다. 치료를 위해 자신의 손을 보는 것마저도 감당하기 힘들었다. 붕대로 오른손을 감아 늘 숨기고 다녔고 먹는 것조차 왼손으로 포크를 사용해야 해서 외출하기가 불편하고 망설여졌다. 그래서 집에만 있었고 나가고 싶지 않았으며 평상시에도 괴로웠지만 부득이하게 외출을 해야 할 때에는 더욱 괴로웠다. 측은한 눈빛으로 자신을 바라보는 주변의 시선에 미칠 것 같았다. 모르는 사람마저 자신의 손이 왜 이렇게 되었는지 궁금해하였고 힐끗힐끗 쳐다보며 수군덕거리는 것 같았다. 사고 이후 회사에서 치료비와 위로금을 주는 등의 사고에 대한 책임을 졌고 사무직으로 일을 할 수 있도록 배려해 주었지만 회사에 가는 것이 너무 힘이 들고 괴로웠다. 도저히 견딜 수 없어 회사를 그만두게 되었고 할 일이 없었다. 회사가 원망스럽고 '왜 하필 그때 기계 작업을 했나.' 하는 자책도 많이 했었다. 새로운 직장을 찾고 싶어도 손이 불편해서 일을 하는 것이 두려웠고 새로운 곳에서 낯선 사람들과 부딪쳐야 되는 것을 상상하는 것만으로도 너무 힘들었다. 낮에 혼자 집에 있는 것이 무능하게 느껴졌고 화가 치밀었다. 가족들이 자신을 무시하는 것 같았고 짐이 되는 것 같아 아내와 자녀들 보기가 민망하고 기가 죽었다. 가족들과 잘 지내고 싶었으나 가족들이 계속 눈치를 주기 때문이라는 생각이 들어 힘들었다.

　2년 전 딸이 결혼하고 아이를 낳아 할아버지가 되면서 조금씩 웃을 일이 생기게 되었고 손녀를 안아 주고 싶은 마음이 커졌다. 손녀가 걷기 시작하면 할아버지인 자신의 손을 잡고 슈퍼에 가서 과자를 사 주고 싶었던 소망이 떠올랐다. 잘 웃고 멋진 신사였던 자신의 모습이 사고로 인하여 많이 변한 것 같아 다시 예전의 모습으로 돌아가고 싶었다. 사람들이 아프면 병원에서 치료를 받는 것처럼 마음의 상처도 치료를 받으면 좋아질 것 같은 생각에 상담을 신청하게 되었고 상담을 받은 지 3개월이 되었다.

내담자와의 미술치료에서는…

상담 초기에 내담자는 사고로 오른손을 사용할 수가 없다는 것에 대해 이야기하면서 다른 사람에게 오른손을 보이고 싶지 않다며 항상 호주머니에 손을 넣고 있었다. 그러나 상담이 진행되면서 오른손을 자연스럽게 책상 위로 올리는 등의 행동변화가 나타났고 그림을 그리거나 작품을 만드는 것을 부담스러워하지 않았다.

내담자는 젊었을 때 양복을 만드는 디자이너였으나 IMF에 사업이 부도나는 바람에 제조업을 하는 회사에 취업을 하였다고 이야기하였다. 손금을 보고 있으니 예전 자신이 열정적으로 일했던 모습이 생각난다고 하였다. 20년을 넘게 양복을 만들다 보니 손에 상처가 많지만 이것이 모두 영광의 상처라고 하였다. 자신이 열심히 일했기 때문에 손에 잔주름과 상처들이 많은 것 같다고 하였다. 내담자는 오른손을 그리고 싶어 하여 붕대를 풀고 OHP필름에 오른손을 본떠 그리면서 손가락이 절단되어 모양이 좀 이상하지만 오랜만에 재단을 하는 것 같은 느낌이 들어 설렌다고 하였다.

외상경험과 손금이 가지는 의미에 대한 이야기를 나누면서 외상사건이 자신에게 죽는 것보다 더한 고통을 안겨 주어 자신을 보잘 것 없이 만들었다는 생각이 들었는데 상담을 하면서부터 '사고가 나긴 했지만 죽을 고비를 넘긴 것이 아니라서 다행이다.'라는 생각이 든다고 하였다. 그때는 차라리 죽어 버렸으면 하는 생각이 많았었는데 자신의 손금을 관찰하면서 생명선이 아주 뚜렷하고 긴 것으로 보아 자신이 생각하는 것보다 더 오래 살지도 모르겠다는 생각이 들었다고 하였다.

내담자가 그린 손금에서 감정선은 빨간색으로 손바닥 끝부분에서부터 검지 사이로 그렸는데 디자이너라는 직업이 예술적인 감각이 있어야 되기 때문에 자신에게는 섬세하고 부드러움이 있을 것 같다고 하였다.

나를 되돌아보게 하는 시간 확대

감정선과 평행선을 이룬 두뇌선 역시 자신의 직업이었던 디자이너와 관계가 깊다고 하였다. IMF에 사업이 부도나는 바람에 더 이상 옷을 만들지 못했지만 미술치료를 받으면서 무엇인가를 만들고 그리게 되면서 다시 옷을 만들고 싶다는 생각이 든다고 하였다. 운명선은 중간에 한 번 휘어지게 그렸는데 이는 자신의 사고를 나타낸다고 하였다. 자신의 사고가 생명에는 지장이 없었기 때문에 생명선이 끊어지지는 않았지만 한 번 휘어진 것은 다치게 되면서 다시 한 번 인생을 되돌아보는 계기가 되지 않았나 하는 생각이 든다고 하였다.

재운선은 결혼선의 두 번째 선에서부터 시작해 감정선과 두뇌선을 지나 운명선과 맞닿아 있다. 돈이라는 것은 운이 아닌 자신의 노력이기 때문에 감정선과 두뇌선을 지나야 한다고 하였다. 결혼선은 3줄을 그렸는데 첫 번째 줄은 자신의 결혼, 두 번째 줄은 딸의 결혼, 세 번째 줄은 아들의 결혼을 의미한다고 하였다. 아들은 아직 결혼을 하지 않았지만 좋은 아가씨를 만나 행복한 가정을 꾸리면 좋겠다고 하였다.

내담자는 삶을 긍정적으로 바라본다면 외상경험에 대해 잠시 쉬어가라는 의미로 받아들일 수 있을 것 같다고 하였다. 먹고사는 것이 힘든 옛날 부모님께 짐이 되지 않기 위해 어렸을 적부터 재단 일을 해 왔었는데, 너무 쉼 없이 달려왔던 것 같다고 하였다. 내담자 자신의 몸부터 챙길 수 있도록 하는 계기가 되고, 가족들과 좋은 시간을 보내는 계기가 되었으면 하는 생각이 든다고 하였다.

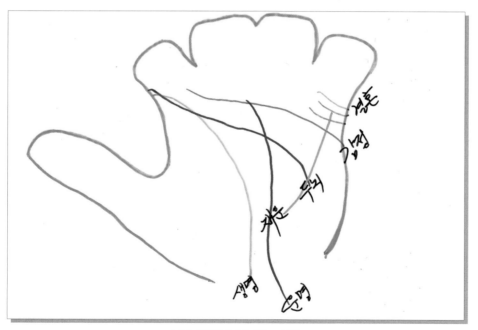

나를 되돌아보게 하는 시간

사례 2.

외상후 스트레스장애, 34세, 남

내담자의 외상에 대하여…

    내담자는 32세 때 자동차 사고가 크게 났었다. 버스가 신호를 위반하여 좌회전을 하면서 반대편 차선에서 오던 내담자의 차에 부딪힌 것이었다. 이 충돌사고로 내담자의 자동차는 폐차가 되고 버스도 많이 망가졌다. 버스는 고장이 나서 수리를 하고 오던 중 사고가 난 것이라 다행히 버스에 탄 손님은 없었다. 버스 운전기사는 사고에 비해 비교적 크게 다치지 않았으나 내담자는 오른쪽 다리가 골절되어 철심을 박는 수술을 받은 후 6개월 정도 재활치료를 받았다. 퇴원 이후 내담자는 운전을 하려고 시도를 해 보았으나 내담자의 차 주변에 버스가 오면 자신과 부딪칠 것만 같고 사고 당시의 기억이 떠올라 자신도 모르게 비상등을 켜고 차를 멈춰 버리게 되어 운전을 하는 것이 힘들었다. 내담자는 운전하는 것이 어려워 택시를 타거나 내담자의 주변 사람들이 운전을 해서 목적지까지 태워 주었다. 택시를 타게 될 때에는 택시비가 많이 나와도 괜찮으니 제발 속도를 내지 말고 무조건 천천히 가 달라고 부탁하며 택시가 출발하기 전에 안전벨트를 매는 것이 습관이 되었다. 자동차에 탈 때에도 조수석은 도로의 상황이 한눈에 들어오기 때문에 주로 뒷좌석에 앉으며, 목적지에 도착할 때까지 항상 자동차의 손잡이를 잡았다. 다른 사람이 운전하는 차를 타고 가다가도 급정거를 하거나 갑자기 차선을 변경하는 차를 보면 불같이 화를 내면서 욕을 하거나 소리를 질렀다. 주변 사람들이 내담자에게 적당히 하라고 이야기하면 "저런 사람들 때문에 사고가 나는 거야."라고 이야기를 하며 주변 사람들을 불편하게 하고 차에 탔을 때 사람들이 대화를 나누면 운전자의 운전에 방해가 된다며 이야기를 못하게 하였다. 내담자는 스스로 운전도 못하는 바보가 되었다고 생각하며 사고 이후 자신감을 잃어버려 일상생활을 하기 두려워했다. 다른 사람들이 운전도 하지 못하는 자신을 어떻게 볼지 걱정되어 주변 사람을 만나기도 힘이 들었다.

    사고 이후 계속해서 사고 당시의 상황이 꿈으로 나타나 잠을 자는 것이 힘들고 잠이 들더라도 쉽게 깨 버렸다. 밤에 잠을 자지 못해 일상생활을 하는 것이 힘들어 내담자는 사고 후 재활치료를 받으면서 상담을 받고 싶었으나 주변의 시선 때문에 상담을 받을 용기가 없었다. 가족들에게 정신과에서 치료를 받는다는 말을 하기도 힘들 것 같고 여자친구네 집에서 알게 된다면 내담자를 어떻게 생각할지 두려웠다. 그러나 내담자는 여자친구의 권유로 사고가 난 지 1년 6개월 후 상담을 받게 되었다.

내담자의 미술치료에서는…

버스 사고가 자신의 인생에서 많은 것을 어렵게 만들었다고 하였다. 평생 누군가가 태워 주는 차를 타고 다닐 수는 없다는 것을 오래전부터 느끼고 있었는데 상담을 통해 힘들지만 노력해야겠다는 생각이 든다고 하였다. 이렇게 불편한 채로 산다면 사고로 인해 다른 사람에게 폐를 끼치는 민폐 캐릭터가 지속될 것 같고 지금은 주변 사람들이 이해하지만 더 오랜 시간이 흐르면 모두들 부담감으로 자신을 피할 것 같다고 하였다.

내담자는 생명선을 그리면서 70세까지는 아무런 사고 없이 건강하게 잘 살고 싶다고 하였다. 아직 운전을 할 수는 없지만 며칠 전에는 집 앞에 주차되어 있는 어머니의 차를 다시 타 보았다고 하였다. 심장 뛰는 소리가 너무나도 크게 들리고 손에 식은땀이 나서 바로 내렸지만 언젠가는 운전을 하게 될 것이라고 믿는다고 하였다. "운전을 하게 된다면 더 이상 자동차 사고가 나지 않았으면 좋겠어요. 하지만 또 사고가 나게 되면 어쩌죠?"라며 사고에 대한 두려움을 표현하였다. 치료를 받기 전에는 또 사고가 나서 죽을지도 모른다는 생각이 들어 보험을 많이 들었는데 치료를 받으면서 미래에 대한 막연한 불안감이 많이 줄어 가족에 대한 책임감도 생기고 오래 살고 싶다는 생각이 들었다고 하였다.

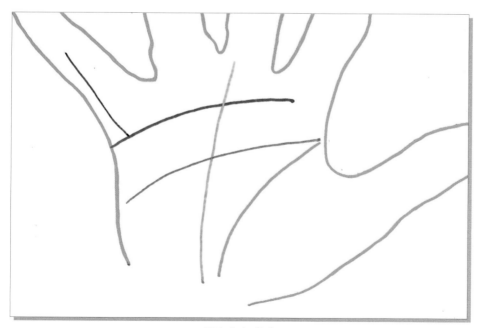

희망의 손 확대

두뇌선은 빨간색으로 표현하였는데 자신의 두뇌가 이성적이고 냉철했으면 하는 생각에서 힘을 주어 선명하게 그었다고 하였다. 사고가 난 이후 자동차와 관련해서는 무조건 피했었는데 두뇌가 냉철하고 이성적인 사고를 한다면 다시 자동차를 운전할 수도 있을 것 같다고 하였다.

감정선은 열정적으로 살고 싶은 마음이라며 파란색으로 표현하였다. 사고가 나기 전에는 내담자가 운전을 해서 여자친구와 여행을 많이 다니며 좋은 시간을 보냈는데 사고 이후 운전을 하는 것에 너무 큰 두려움과 어려움을 느껴 여행을 가지 못했다고 하였다. 여행을 가더라도 내담자가 운전을 하지 못해 친구들이나 가족들과 여럿이 여행을 갔었고 여행을 가더라도 운전에 대한 예민한 반응으로 주변 사람들을 불편하게 하여 여행을 하는 것이 힘들어졌다고 하였다. 사고 나기 전 여자친구와 함께 자주 여행을 다녔던 것처럼 운전을 다시 해서 다시 좋은 시간을 보내고 싶다고 하였다. 그렇게 되려면 자신에게 행운이 따라 주는 것이 꼭 필요할 것 같아 새끼손가락에 행운선을 그었다고 하였다. 자신의 사고로 인하여 여자친구에게 많은 미안함을 가지고 있음을 알게 되었고 함께 여행을 다녔던 좋았던 시간을 다시 가질 수 있지 않을까 하는 희망이 생긴다고 하였다.

외상으로 인해 자신의 삶이 많이 바뀌었지만 손금을 그려 보면서 미래의 삶에 대해 생각하게 되었고 앞으로 좋아질 것이라고 생각하니 마음이 조금은 편안해진다고 하였다.

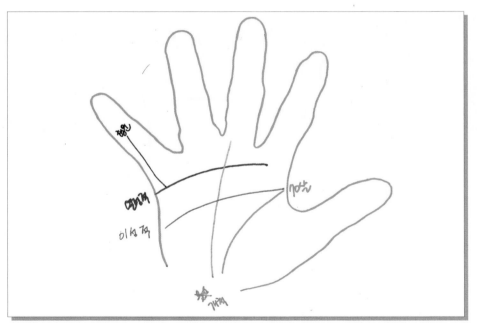

희망의 손

▌Tip

손금 보는 방법

인터넷을 검색해 보거나 손금과 관련된 책을 읽으면 손금에 대해 해석하는 방법을
알 수 있다.

생명선

엄지와 검지 사이의 중간 부위에서 시작하여
손목 아래를 향해 엄지손가락 아랫부분에 살
이 볼록하게 튀어나온 부분 주위로 뻗어 있
는 선을 말한다. 생명선은 수명, 건강상태, 신
체적 활력, 용기, 생활력, 인생에 대한 열정과
의지력 등을 알 수 있다.

두뇌선

지혜선이라고도 한다. 생명선이 시작되는 부
분에서 시작하여 손바닥 가운데를 지나는 선
을 말한다. 사고능력, 정신적 에너지, 상상력,
정보처리능력, 집중력 등을 알 수 있다.

감정선

소지(새끼손가락) 바로 아랫부분에 살이 두둑하게 언덕진 곳에서 시작하여 검지 부위로 흐르는 선을 말한다. 감정의 상태, 감수성, 대인관계, 애정, 사랑, 성격 등 인생전반의 내적인 상황 등을 잘 반영하고 있다.

운명선

손바닥의 아래쪽에서 중지 쪽을 향해 세로로 뻗은 선을 말한다. 선이 분명하지 않거나 없는 경우도 있고 다양한 형태로 변형된 모습을 보이기도 한다. 개인의 운세의 강약, 일, 직업, 직장 등 사회생활 전반에 걸친 운의 향방을 보여 주며 운명의 흥망성쇠의 운을 알려 주는 개인적 성향과 생활방식이나 환경적 특성 등을 알 수 있다.

재운선

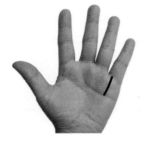

재물선이라고도 한다. 약지 아랫부분에서 시작하여 약지 밑의 살이 두둑하게 언덕진 곳을 지나 올라가는 선을 말한다. 약지 아래 감정선 위에서 시작하여 약지 밑에서 시작하거나 소지 밑의 살이 두둑하게 언덕진 곳에서 시작하여 약지로 올라가는 선을 이르기도 한다. 사회적 지위, 부와 명예, 행복, 신용, 인기, 매력 등을 알 수 있다.

결혼선

소지 아래와 감정선 사이의 가로선으로 일반적으로 두세 가닥이다. 이성 관계, 연애, 결혼 등의 애정도, 자녀, 감정적 성향 등을 알 수 있다.

기억 재구성

▌목표

1. 외상경험이 자신에게 미친 영향에 대해 알 수 있다.
2. 외상경험을 재조합하여 자신의 바람을 표현할 수 있다.

▌준비물

우드락(A4 용지 크기로 두께 3T이하), 도화지, 아크릴 물감, 붓, 사인펜, 색연필, 볼펜, 목공본드

▌활동방법

1. 자신이 편안함을 느끼는 분위기, 행동, 말에는 어떠한 것이 있는지 이야기 나누며 심리적으로 이완될 수 있도록 한다.
2. 편안함을 떠올리면 생각나는 색을 찾아 우드락의 한 면에 아크릴 물감으로 색칠한다.
3. 물감이 마르면 우드락을 뒤집어서 외상 후 느껴지는 불쾌한 기억, 부정적인 감정과 행동 등을 우드락 위에 낙서하듯 쓰거나 그림으로 그린다.
4. 불쾌한 기억, 부정적인 감정과 행동 등을 날려 버릴 수 있도록 우드락을 다양한 방법으로 부순다.

5. 부서진 우드락 조각의 낙서나 그림이 보이는 면에는 목공본드를 발라 불쾌한 기억, 부정적인 감정을 덮는다.

6. 목공본드를 바른 우드락 조각을 도화지에 자신이 편안함을 느낄 수 있는 물건이나 모양으로 만들어 붙인다.

7. 우드락을 붙인 도화지 주변을 우드락 조각으로 만든 모양과 어울리게 꾸민다.

8. 활동 후 느낀 점에 대해서 이야기 나눈다.

⭐ 이렇게도 할 수 있어요

'활동방법 3'에서 우드락에 낙서나 그림을 그리지 않고 종이 위에 외상 후 느껴지는 불쾌한 기억, 부정적인 감정과 행동 등을 낙서나 그림으로 나타낸다.
'활동방법 6'에서 종이에 그린 낙서나 그림 위에 우드락 조각을 붙여서 자신이 편안함을 느낄 수 있는 물건이나 모양으로 만든다.

사례 1.   외상후 스트레스장애, 21세, 대학교 휴학, 여

내담자의 외상에 대하여…

내담자는 6개월 전 학과 행사 후 술이 많이 취한 친구를 택시를 태워 집에 데려다주기 위해 함께 가다가 술이 취한 친구가 목이 마르다고 하여 잠시 인도에 앉혀 놓고 편의점에 갔었다. 그런데 술이 너무 취하여 몸을 가눌 수 없었던 친구가 도로와 인도 사이의 경계석에 걸터앉아 있다가 달려오던 트럭에 치여 그 자리에서 목숨을 잃었다. 그때 내담자는 편의점에서 물을 사서 친구 가까이로 걸어가고 있어서 친구가 트럭의 큰 바퀴에 딸려 가서 쿵 하는 소리와 함께 도로와 인도의 경계석에 머리를 부딪치는 모습을 보았다.

내담자는 그 사고가 일어난 지 6개월이 지났지만 마치 방금 일어난 일처럼 트럭이 급하게 멈추며 나던 '끼익' 하는 소리, 친구의 외마디 비명, 친구의 머리에서 흘렀던 피가 도로를 따라 흐르던 순간이 생생했다. 사건을 목격한 후 잠을 이루지 못하는 날이 많고 달리는 차들 사이를 아슬아슬하게 피해 다니는 악몽을 반복적으로 꿨다. 잠을 자다가 악몽을 꾸면 소리를 지르며 깼고 그렇게 일어나면 검정색 트럭의 바퀴가 자신을 향해 돌진해 오는 모습을 보았다. 그리고 누군가와 이야기를 하다가도 '내가 만약 그때 물을 사러 가지 않았다면……' 이라는 자신의 목소리가 들리는 것만 같아 이야기를 놓치는 경우가 많으며 대화 도중 멍하게 있는 경우가 많았다.

내담자는 사고 현장을 매일 지나치게 되는 것이 힘들어 휴학을 하게 되었다. 도로의 오른쪽 바깥 차선을 달리는 차를 보면 자신을 향해 달려오는 것 같고 차를 타고 이동할 때에도 인도 가까이를 지나가는 차를 타면 극도로 예민한 상태가 되어 땀이 흐르고 호흡이 곤란해졌다.

내담자와의 미술치료에서는…

그림을 그리기 전 자신이 편안하게 느끼는 분위기, 행동, 좋아하는 말 등을 이야기 나누며 심리적으로 안정된 상태를 만들 수 있도록 하였다. 이야기를 나눈 후 자신이 가장 편안함을 느끼는 색으로 우드락을 색칠하도록 하자 흰색에 하늘색을 조금 섞어 아주 연한 하늘색으로 색칠하였다. 색칠한 하늘색을 보며 예쁜 뭉게구름이 떠 있는 맑은 날이 떠오른다고 느낌을 간단히 말하였다.

하늘을 떠올리며 하늘색으로 색칠

물감이 마른 후 우드락을 뒤집어서 색이 칠해지지 않은 흰색 면이 나오도록 두었다. 그리고 반복적으로 꾸는 꿈과 현재 자신을 힘들게 하는 것들에 대해 자유롭게 그림이나 글로 표현해 보도록 하였다.

한참을 머뭇거리다 S자 모양의 왕복 2차선 도로에 빠르게 달리는 자동차 사이에 서 있는 모습을 우드락 왼쪽 아래에 작게 그렸다. 사고 목격 후 이와 같은 꿈을 반복적으로 꾼다고 말하며 그림을 그리던 손의 땀을 닦았다. 그림을 그리는 것이 힘들어 보여서 편안함을 느끼는 색인 앞면에 색칠한 하늘색을 바라보며 깊은 호흡을 할 수 있도록 한 뒤 다시 천천히 그림을 그릴 수 있도록 하였다.

내담자는 반복적인 꿈속에서 "내가 구해 줄게."라는 말을 매번 한다고 하였다. 그렇지만 늘 차 사이를 아슬하게 걸으며 금방이라도 울 것 같은 표정으로 서 있기만 한다고 하였다. 꿈이 깰 때쯤에는 자신을 향해 트럭이 달려오고 소리를 지르며 깬다고 하였다. 꿈에서만이라도 친구를 구해 줄 수 있는 꿈을 꾸고 싶다고 하였다.

　내담자가 매우 힘들어하는 것 같아서 잠시 그리는 것을 멈추고 앞면의 하늘색을 보고 심호흡을 하도록
하였다. 사건이 일어난 달 10월을 나타내는 달력을 그리더니 친구의 장례식이 생각난다고 하며 "정말 많
이 우시던 친구의 어머니를 생각하면 너무 괴로워요."라고 하였다. '그때 내가 물을 사러 가지 않았다면
어땠을까.'라는 생각을 장례식 내내 했었고 지금도 가끔 그런 자신의 목소리를 끊임없이 듣지만 그렇게
생각하면 살 수 없을 것 같아서 생각을 멈추려고 노력한다고 하였다. 그다음으로 달려오던 트럭의 바퀴를
의미하는 자동차 타이어를 그리며 손으로 눈을 잠시 가렸다. 지금도 선명하게 떠오르는 '친구를 친 무지
막지한 트럭의 바퀴'라고 하며 그날 어떻게 시신이 수습이 되었고 자신은 어떻게 집을 왔는지 모르겠다
고 이야기하였다. 요즘에는 '그때 트럭을 운전하였던 사람은 어떻게 살고 있을까? 나처럼 이렇게 힘들게
살고 있을까?'라는 생각이 든다고도 하였다. 마지막으로 검정색을 아무렇게나 갈겨 그리듯 낙서하며 밤이
무섭다고 밤에 달리는 차들을 TV로 보는 것만으로도 무섭고 잠을 잘 시간이 되면 또 악몽을 꾸게 될까
봐 두렵다고 하였다.

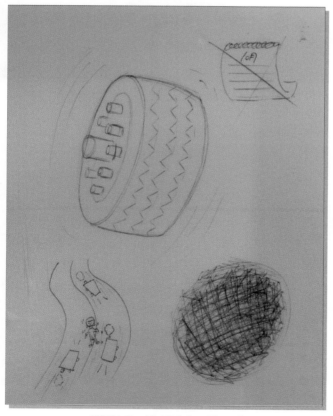

색칠한 우드락 뒷면에 그린 그림

그림을 그린 후 자신을 힘들게 하는 기억을 지우기 위해 우드락을 부서서 없애는 작업을 하였다. 부서진 우드락 조각 위에 보이는 불쾌한 기억, 부정적인 감정을 표현한 그림은 흰색 목공본드를 발라 보이지 않도록 덮어 버렸다.

우드락 부수기

우드락 조각에 목공본드 바르기

　　내담자는 도화지 위에 부순 우드락 조각을 네모 모양으로 붙였다. 네모난 모양의 우드락 위로 편안하게 잠자고 있는 모습의 얼굴을 그리고 자신이 편안하다고 느끼는 연한 하늘색 우드락 위로는 구름 모양을 그려 이불로 꾸몄다. 재조합하여 꾸민 그림의 의미를 묻자 악몽과 나쁜 기억을 덮어 주는 따뜻한 이불이며 꿈도 꾸지 않고 편안하게 잠들고 싶고 그날의 괴로운 기억들도 덮어 줬으면 좋겠다는 바람을 이야기하였다.

우드락 붙여서 꾸미기: 이불

사례 2.

내담자의 외상에 대하여…

　내담자는 초등학교 때 잘 울고 작은 일에도 선생님에게 이르는 일이 많아 친구들 사이에서 은근히 따돌림을 받아오던 '은따' 였다. 중학교에 가서도 여전히 남자답지 못하다는 이유로 친구들의 놀림감이 되고 이유 없이 맞는 일이 많았다. 일 년 전 같은 학급에서 늘 내담자를 괴롭히던 친구가 내담자의 어머니에 대한 모욕적인 말을 하여 우발적으로 옆에 있던 화분을 친구를 향해 던졌는데 화분을 피하려던 친구가 계단에서 굴러 떨어져 머리를 크게 다쳐 죽는 사건이 발생하였다. 정상참작이 되어 큰 처벌은 면하였지만 자신이 친구를 죽였다는 생각 때문에 '자기와 같은 사람은 미래가 없다. 이렇게 살아서 뭐하겠냐.' 등의 말을 부모님에게 하며 매우 힘들어하였다. 또 자신을 살인자로 보는 주변 사람들의 시선이 너무 힘들다는 이유로 학교도 가지 않고 집에만 있는 날이 많아 현재 학교를 그만둔 상태다.
　친구가 죽은 사건이 일어난 이후 내담자는 아파트인 자신의 집 밖에서 들리는 발자국 소리에 귀를 막거나 밖에서 들리는 소리에 소스라치게 놀랐다. 불쑥불쑥 죽은 친구가 계단을 구르던 모습이 아주 느린 화면처럼 보이기도 하였다. 내담자는 현재 우울증 약을 복용하고 있으며 가족들이 있을 때에는 자신의 방 밖으로 나오지 않고 있다.

내담자와의 미술치료에서는…

　내담자에게 여러 가지 색의 물감을 보여 주고 각 색의 느낌을 자유롭게 이야기 나누도록 하였다. 그중 가장 자신의 마음을 편안하게 해 주는 색을 선택하여 우드락 위에 색칠하였다. 초록색을 선택하여 자신의 방에서 산이 보이는데 그 산 속에 들어가서 혼자 있으면 편안할 것 같다는 설명을 하였다. 초록색으로 우드락을 색칠한 후 종이 위에 외상 후 느껴지는 부정적인 말이나 행동을 글이나 그림으로 자유롭게 그려 보도록 하였다. 한참을 망설이던 내담자는 '고장 난 시계' 라고 설명하며 바늘이 없는 시계를 그리고 자신에게는 시간이 멈춘 것 같다고 설명하였다. 시간이 지날수록 자신이 엄청난 짓을 한 것만 같다고 하였다. '물음표(?)' 를 그리고 자신은 앞으로 어떻게 살아가야 할지 모르겠다고 하며 미래를 생각하면 막막하다고 하였다.

　　종이 위에 자신을 괴롭히던 친구들의 모습을 그리고 나를 잘 모르는 친구들은 나를 살인자라고 생각하는 것 같아 그 친구들의 눈빛 또한 나를 괴롭힌다고 설명하였다. 그리고 친구들의 모습을 그리면서는 "억울해요."라고 말하며 주먹으로 책상을 치기도 하였다. 친구들 아래에는 울고 있는 자신의 모습을 그리며 친구들의 눈빛, 행동들을 생각하지 않으려고 해도 자꾸만 어느새 친구들을 죽이는 상상을 자신도 모르게 한다고 하여 흥분된 마음을 진정할 수 없었다고 하였다. 그림을 그리던 종이를 치우고 초록색으로 색칠한 우드락을 보면서 떠올렸던 편안한 이미지를 다시 한 번 생각하며 마음을 진정시켰다. 그런 다음 다시 종이를 앞에 놓고 그림을 그리기 시작하였다. 닭과 달걀을 그리며 "닭이 먼저일까? 알이 먼저일까?"라고 말하고는 "괴롭힌 친구가 나쁜 걸까? 그런 친구를 죽인 내가 잘못한 걸까?"라고 말을 하며 닭과 달걀을 그린 이유를 설명하였다. 자신을 괴롭힌 친구들에 대한 분노의 감정과 자신이 한 행동의 후회로 미래에 대한 불안의 마음을 표현하였다.

종이에 그림 그리기

우드락 조각을 그림 위에 덮어 붙이기

　낙서를 끝낸 후 자신에게 편안함을 주는 초록색 우드락을 가져와 낙서를 덮을 수 있도록 우드락을 조각내어 부수었다. 부서진 조각을 낙서가 보이지 않게 덮은 후 새로운 모양이나 상징을 찾아보도록 하였다. 언젠가 TV다큐멘터리에서 숲에 큰 화재가 난 뒤 나무를 심어서 새롭게 숲이 만들어지는 모습을 본 적이 있는데 전보다 더 많은 동물이 살게 되고 토질도 달라졌다는 내용을 이야기하였다. 그 다큐멘터리를 떠올리며 낙서 위에 붙인 우드락 조각들이 그 나무들 같다고 하며 초록색 우드락 조각 아래에 갈색으로 나무 기둥을 그려 주었다. 우드락 조각으로 낙서가 모두 가려져서 좋으며 자신의 불쾌한 기억, 부정적인 기분들도 지워질 수는 없겠지만 다른 좋은 생각들로 덮어졌으면 좋겠다고 하였다. 내담자는 "나에게도 새로운 숲이 만들어져 친구들도 많이 사귀고 지금과는 180° 다른 사람이 되고 싶어요."라고 느낀 점을 말하였다.

우드락 붙여서 꾸미기: 숲

4 다른 사람들과의 관계 바꾸기

짚고 가기

　외상경험은 대인관계에 변화를 일으키고 부정적인 영향을 미친다. 대인관계를 회피하거나 대인관계를 맺더라도 친밀해지지 않으려고 노력할 수 있다. 특히 가정폭력이나 성폭력과 같이 대인과 관련된 외상경험은 왜곡된 대인관계 도식을 만들어 지나치게 상대의 언어나 행동에 민감하게 반응하거나 무모하게 행동해서 자기 파괴적 행동을 일삼는 등 지속적인 대인관계 문제를 유발할 수 있다. 대인관계가 공고하고 지지적인 경우 외상경험으로부터 회복속도가 빠르며 대인관계의 질이 향상되면 외상경험을 치료하는 데 도움이 된다. 따라서 치료장면에서 안전하게 보호해 주는 대인관계를 경험하고 과거의 상처를 극복하는 데 도움이 되는 대인관계로 나아가도록 도와주는 것은 중요하다. 관계를 회복하고 사회적인 적응수준을 높이는 것은 치료의 중요한 목표가 된다. 자신을 안전하게 보호하는 대인관계 기술을 배우고 현재에 가장 효율적인 대처방식을 선택하도록 돕는 치료과정이 필요하다.

　외상경험으로 인해 생긴 대인관계의 부정적 영향을 변화시키기 위해 이 장에서는 관계 에너지를 우선적으로 다룬다. 대인관계를 맺고 유지하는 데에도 에너지가 필요하다. 외상경험은 에너지를 담는 상자에 구멍이 난 것과 같은 상태를 유발한다. 관계 에너지를 담는 상자의 구멍을 메우는 과정을 탐색하여 자신의 에너지 소진을 막는 방법을 찾을 수 있다. 그리고 컵홀더처럼 대인관계의 어려움 속에서 자신을 보호하고 관계를 유지하는 방법을 탐색하고 표현할 수 있다. 자신이 원하는 긍정적인 대인관계를 시각적으로 연결하여 새로운 대인관계에 대해 조망하고 관계 형성과 유지에 필요한 기술을 탐색하는 기회를 제공할 수 있다.

에너지 상자

▌목표

1. 타인과의 관계를 에너지로 표현할 수 있다.
2. 타인과의 관계를 긍정적으로 유지하고 변화시키기 위한 방법을 탐색할 수 있다.

▌준비물

상자, 잡지, 구멍을 메울 재료(클레이, 빨대, 스티로폼 볼 등), 송곳, 유성매직, 가위

▌활동방법

1. 에너지의 의미에 대해 생각하고 이야기 나눈다.

2. 타인과 좋은 관계를 맺고 싶은 마음과 좋은 관계를 유지할 수 있는 에너지를 상자 안에 담았는데 구멍이 나서 관계의 에너지가 빠져나간다면 어떤 일이 일어날 것 같은지 생각해 보고 이야기 나눈다(예: 관계의 에너지가 빠져나가거나 소진되면 사람을 만나는 것이 귀찮다, 피하고 싶다 등).

3. 상자가 타인과의 관계에 필요한 에너지를 담은 에너지 상자라고 생각한 후 외상경험으로 인해 관계의 에너지가 빠져 나간 현재의 자신이 타인과 관계 맺는 모습을 상자 겉면에 그린다.

4. 에너지 상자에서 에너지가 소진되거나 흘러 나간 정도에 따라 송곳으로 구멍을 뚫

는다(예: 관계 맺기가 귀찮아져서 에너지가 많이 빠져나갔다고 생각하면 구멍을 크게 많이 뚫는다).

5. 상자에 구멍이 난 것처럼 외상후 자신의 관계에 어떠한 변화가 있으며, 현재 자신과 타인의 관계의 에너지는 어느 정도 수준인지 생각하여 이야기 나눈다.

6. 에너지가 소진되거나 누출되는 것을 막기 위해 구멍이 뚫린 곳을 여러 가지 재료로 메우거나 꾸민다.

7. 구멍을 메우는 것처럼 타인과의 관계에서 에너지가 빠져나가지 않도록 하기 위해서는 어떤 방법이 있는지 이야기 나눈다.

8. 활동 후 느낀 점에 대해서 이야기 나눈다.

☆ 이렇게도 할 수 있어요

'활동방법 5'에서 좋은 관계를 맺고 싶은 마음과 좋은 관계를 유지할 수 있는 에너지가 빠져나가는 것을 이해하기 어려운 아동을 위해, 상자에 송곳으로 구멍을 뚫은 후, 드라이아이스, 물, 작은 접시를 준비한다. 상자에 구멍이 생기면 에너지가 빠져나간다는 것을 관찰할 수 있도록 드라이아이스와 물을 담은 접시를 상자 안에 넣어서 연기가 빠져나오는 것을 관찰한다. 이때 드라이아이스를 손으로 만지지 않도록 드라이아이스 사용의 유의점에 대해 이야기한다.

구멍에서 연기가 빠져나오는 것이 좋은 관계를 맺고 싶은 마음과 좋은 관계를 유지할 수 있는 에너지가 빠져나가는 것이라 이해하고, 외상후 자신의 관계에 어떠한 변화가 있는지 이야기 나눈다.

사례 1.

급성 스트레스장애, 중등3, 남

내담자의 외상에 대하여…

　내담자의 아버지는 내담자가 초등학교 1학년 때 병으로 돌아가셨다. 그 후 6년 뒤 내담자가 중학교 1학년 때 내담자 어머니의 재혼으로 새아버지와 여동생이 생겼다. 여동생은 몸이 조금 허약했고 가족관계의 변화와 학교생활 적응에 많이 힘들어하였으며 우울해 보였다. 내담자의 어머니는 여동생이 많이 염려스러웠지만 정신과 치료를 받으면 나중에 직장을 다니거나 결혼을 하는 데 지장이 있을 것 같아 병원에 데려가지 않았다. 내담자의 여동생은 말수가 적어 자신의 이야기를 잘 하지 않았는데 알고 보니 학교에서 지속적으로 따돌림을 받았다고 한다. 내담자의 여동생은 친구들에게 괴롭힘을 당하고 힘들어하다가 결국 부모님이 재혼한 지 2년도 채 되지 않아 집에서 목을 매어 자살을 했고 내담자가 발견하였다. 내담자는 여동생의 죽음에 충격이 컸고 가족의 슬픔을 보면서 너무 힘들었으며 자신이 아무것도 할 수 없었던 기억이 고통스럽게 계속 떠올랐다.

　여동생의 장례식 이후, 극단적인 선택을 하기 전에 힘들어하던 여동생을 적극적으로 도와주지 못했다는 죄책감이 들었다. 내담자는 이전에 공부하는 것이 힘들지 않는데 여동생의 자살 후로는 집중을 잘 하지 못하고 성적도 많이 떨어졌다. 친구들과 노는 것에도 흥미가 없고 여동생이 죽어 있던 모습이 자꾸 떠올랐으며 우울하였다. 여동생의 장례식과 부모님, 특히 새아버지의 절망스러운 표정이 불쑥불쑥 떠오르는 순간이 많으며 일상의 아주 사소한 일들도 걱정되는 것이 많아졌다. 지나가는 여동생 또래의 여학생만 봐도 여동생의 마지막 모습이 떠오르고 두통에 시달려 그 자리에 주저앉았으며 자주 두통약을 먹었다. 여동생 생각을 자꾸 하다 보면 자신이 누군지도 잘 모르겠고 정신이 자신의 몸에서 빠져나가는 것만 같았다. 내담자 자신이 좀 더 관심을 가져 주지 않아 여동생이 죽었다는 생각과 또 혹시 가족 또는 가까운 사람이 잘못되는 나쁜 일이 생기지 않을까 하는 생각 때문에 잠을 이루지 못하는 날이 많았다. 3일을 연달아 자지 못한 적도 있고 나쁜 생각을 떨쳐 버리려고 해도 가족을 보면 여동생 생각이 계속 다시 떠올라 정상적인 학교생활이 힘들어서 3주째 치료를 받고 있다.

내담자와의 미술치료에서는…

내담자는 다른 사람과 좋은 관계를 유지하고 힘 있는 모습을 보여 주기 위해서 가능하면 타인에게 밝은 표정을 보이고 큰 목소리로 이야기하려고 노력한다고 했다. 하지만 요즘은 점점 밝은 모습을 보이기가 힘들어지고 더 깊은 우울감에 빠져든다고 하면서 에너지는 원래 좋은 것인데 현재 자신에게는 짐처럼 느껴진다고 하였다.

내담자와 상자의 구멍에 대해 먼저 이야기 나누었는데 "구멍보다 물건이 크면 괜찮은데 구멍보다 물건이 작으면 물건이 빠져나갈 것 같아요."라고 하였다. 그리고 관계 에너지와 관련하여 자신의 밝은 표정, 큰 목소리와 같은 좋은 관계 에너지를 상자 안에 담았는데 그 상자에 구멍이 생기면 지금처럼 힘들고 우울해질 것 같고 지금보다 더 힘들어지면 사람들과 만나는 것이 귀찮아질 것이라고 말하며 그 후에는 어떻게 될지 잘 모르겠다고 하였다.

타인과 관계 맺는 모습

상자의 겉면에 자신이 아는 사람들과 함께 손에 손을 잡고 함께 있는 모습을 그렸다. "손을 모두 잡고 있어서 친해요."라고 하였는데 다 그리고 나서는 "절대 떨어지지 않으려 하는 것 같아요."라고 하면서 자신이 현재 맺고 있는 관계의 모습을 표현하였다.

구멍 난 상자

상자에 구멍을 뚫고는 "여동생의 자살로 인해 구멍이 생긴 것 같아요."라고 하였다. 내담자는 그 구멍을 통해 가족, 친구들과 좋은 관계를 갖고 싶은 마음과 지속적으로 좋은 관계를 유지할 수 있는 에너지가 이미 많이 빠져나가 버렸다고 했다.

여동생의 죽음 후 자신은 친구들과 잘 어울리지 않고 길거리를 지나갈 때도 여동생과 비슷한 또래의 학생을 보면 너무 괴로웠고 혼자 멍하게 있는 시간이 많았으며 타인에게 먼저 밝은 모습을 보이기가 힘들었다고 하였다. 그리고 "관계에 구멍이 생기면 관심이 없다는 거니까 괴롭힘을 당해서 힘들어지고 외로워진 또 누군가가 내 동생처럼 죽을 것 같아요."라고 말하였고 조금 혼란스러운 표정이었다.

처음에는 현재 자신이 가진 관계의 에너지에 대해 잘 모르겠다고 하였는데 자신이 가진 관계의 에너지는 보통수준인 것 같다고 하면서 "어떤 사람에게는 높기도 하고 어떤 사람에게는 전혀 없는 것 같아요."라고 하였다. 실제로 관계의 에너지 상자에 구멍이 생기면 "물건이 아니라 공기 같은 관계가 빠져 나갈 것 같고 두려울 것 같아요."라고 했다.

재료로 메우거나 꾸민 구멍

구멍을 스티로폼 볼로 막고 유성매직으로 색칠하였다. 그리고 클레이를 그냥 붙이거나 색을 섞어서 유성매직으로 그린 사람의 색과 비슷하게 붙였다. 에너지가 빠져나가지 않게 하기 위해서는 어떤 문제가 있는지 잘 살펴보고 구멍이 난 것과 같은 자신의 마음을 달래 주고 타인의 관계를 잘 유지하며 좋게 변화하여 에너지가 빠져나가지 않도록 막아야 한다고 했다.

압정으로 막은 구멍

마지막으로 "생각보다 구멍이 난 곳이 너무 많아요."라고 하면서 압정으로 구멍이 난 곳을 거의 다 막아 주었다. 그러고는 "쫌 낫네."라고 말하였다.

　　내담자는 그동안 타인에게 밝고 좋은 모습을 보여 주면 관계가 나빠지지 않을 것이라 생각했는데, 상자에 관계의 에너지 작업을 해 보니 "겉모습이 중요한 것이 아니라 마음에 구멍이 나지 않도록 해 주어야 할 것 같고 구멍이 나면 그 구멍에 맞는 방법으로 막아 줘야 할 것 같아요."라고 하였다. 그리고 아직 구멍이 다 막히지 않았는데 작은 구멍들에는 나쁜 관계의 에너지가 나갈 수 있도록 놔 둘 필요도 있을 것 같다고 하면서 관계에 대한 의미를 더 깊이 있게 생각해 보며 마무리하였다.

사례 2.

급성 스트레스장애, 초등6, 남

내담자의 외상에 대하여…

　내담자는 친구들이 자신을 대놓고 따돌리지는 않았지만 언제부턴가 은근히 따돌림을 당한 '은따'였다. 부모님 보고에 의하면 체격이 왜소한데 치아교정까지 하여 발음이 부정확하고 소심한 성격이라서 주위에 친구도 많이 없으며 친구와 관계형성을 잘 하지 못하여 다툼과 오해가 자주 있었다고 하였다. 길을 지나가는데 평소 친하게 지내고 싶었던 얼굴을 아는 친구 한 명이 불러서 갔더니 여러 명의 친구들이 있었는데 자신을 부른 친구가 이유 없이 발로 차고 주위에 있던 친구들이 몰려와서 내담자를 때렸다. 그 사건 이후로 SNS를 통해 '왕따 당한 아이, 맞은 아이'로 옆 학교까지 소문이 났고 친했던 친구들도 내담자를 멀리하였다. 내담자의 말을 들어줄 사람도 없고 마음을 아는 사람도 없었다. 친구를 사귀기가 두렵고 다시는 좋은 사이로 지낼 수 없을 것 같았다. 내담자는 친구가 부를 때마다 혹시 또 자신을 데려가서 때릴까 봐 겁이 났다. 친구에게 맞았던 기억이 자꾸만 떠올랐고 수업 시간에는 친구가 뒤로 돌아보며 자신을 향해 손짓을 하고 갑자기 때릴 것 같은 상상을 자신도 모르게 하고 있어서 고통스러웠다. 내담자는 살기 싫다는 생각이 들어서 학교 옆 공사장의 높은 곳에 가서 뛰어내리려고 했는데 학교 선생님이 내담자를 발견하였고 학교 상담선생님에게 안내해 주었다. 자신에게 관심을 가져 주는 선생님들로 인해 한 번 더 힘을 내서 잘 지내 봐야겠다는 생각을 하였지만 이제 친구들에게 '자살시도까지 한 구제불능 노답 왕따'라고 낙인이 찍혔다. 계속해서 웃는 얼굴로 자신에게 손짓을 하다가 갑자기 때렸던 일과 왕따 당한 일이 반복적으로 떠오르고 꿈에도 나오는데 그럴 때는 많이 무섭고 고통스럽기도 하면서 한편으로는 이유없이 자신을 때린 친구들에 대한 분노의 감정도 계속해서 느껴졌다. 내담자는 친구 관계를 어떻게 다시 맺어야 할지 모르겠고 영원히 친구 없이 지내야 할 것 같은 기분이 들며 사는 것이 너무 어렵다는 생각이 많이 들었다. 이런 느낌과 생각이 며칠 동안 계속되다가 괜찮아졌다가를 반복하였다. 내담자는 자살 시도 후 4주 전 상담선생님의 권유로 미술치료를 시작하였다.

내담자와의 미술치료에서는…

    내담자는 에너지의 의미에 대한 질문에 "밥 먹고 공부하며 살아가는 힘일 것 같아요."라고 하였다. 좋은 관계를 유지할 수 있는 에너지가 상자 안에 담겨 있는데 그 에너지 상자에 구멍이 생긴다면 에너지가 없어서 살아가는 힘이 부족해질 것 같고 사는 것이 두려울 것 같다고 하였다. 내담자는 외상경험 후 사람이 모여 있는 곳은 의식적으로 피해서 둘러 가게 되었고 친구들이 모여 있는 것을 보면 자신도 모르게 '혹시 나한테 뭐라 하면 어쩌지? 내가 잘못한 것이 있나?' 하는 생각을 하게 된다고 하였다.

    상자 겉면에는 자신이 친구와 관계를 맺는 모습을 그림으로 그렸는데 "친구와 게임을 하는데 무언가를 잘 못해서 또 왕따를 당할 것 같은 느낌이 들고 친구가 나를 좋아하지 않을 것 같아요."라고 하며 게임하는 모습, 주사위, 눈을 그렸다.

친구와 함께 사이좋게 보드게임을 할 때가 생각난다. 그런데 자신이 게임을 잘 못해서 친구가 뭐라고 할까 봐 눈치를 보게 되었고 또 왕따를 당할까 봐 걱정을 많이 하고 있다.

주사위는 친구와 게임을 할 때 공정하게 하기 위해서 꼭 필요한 것 같다. 그런데 나한테만 원하는 숫자가 안 나와서 나를 불리하게 한다.

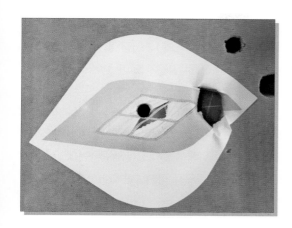

친구나 다른 사람의 눈치를 많이 보게 되었다. 화
난 표정이나 무표정을 보면 또 자신을 무시하고 등
돌릴까 봐 무서워서 많이 두렵다.

상자에 구멍을 뚫은 후, 드라이아이스, 물, 작은 접시를 준비하여 작은 접시에 드라이아이스와 물을 담
아 상자에 넣어서 연기가 빠져나오는 것을 관찰하였다. 내담자는 구멍으로 연기가 빠져나오는 것을 보고
"연기가 빠져나가는 걸 보니까 에너지가 빠져나간다는 게 이해되는 것 같아요. 내가 가진 관계의 에너지
가 구멍으로 빠져나가네요."라고 이야기하였다.

구멍으로 나오는 드라이아이스

관계의 에너지를 이해한 내담자는 친구에게 왕따를 당하고 있어서 친구와 관계의 에너지가 없는 것 같다고 했다. 이렇게 관계의 에너지가 들어 있는 상자에 구멍이 생기면 '지금의 나'처럼 될 것 같다고 하면서 구멍이 생기지 않았으면 좋겠다고 했고 "친구와 사이가 더 나빠진 것 같은 기분이 들어요."라고 하였다. 실제로 왕따와 폭행 사건 후 친구와 관계가 더 어려워졌다고 했다.

상자에서 드라이아이스와 물을 담은 접시를 빼고 관계의 에너지가 소진되거나 누출되는 것을 막기 위해 종이를 구겨서 막더니 "딱 맞진 않네요."라고 해서 액세서리 볼을 권하였더니 "이건 딱 맞네요."라고 하면서 흐뭇한 표정을 지었다. 관계의 에너지가 나가는 것을 막기 위해서 빨대도 사용하였는데 "나가는 길이 멀어서 그 사이에 회복하면 될 것 같아요."라고 하였다. 또 종이끈으로 리본을 만들어 선물처럼 포장하면서 이렇게 하면 친구 관계가 소중해질 것 같다고 하였다.

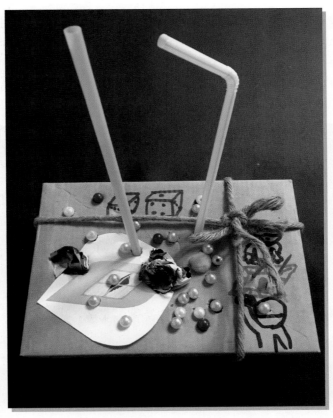

재료로 메우거나 꾸민 구멍

친구와 사이를 좋게 하려면 친구가 좋아하는 게임을 같이 하고 자신의 마음도 편안해져야 한다고 했다. 사람의 관계에서 에너지가 빠져나가지 않게 하기 위해서는 처음부터 관계가 나빠지지 않게 해야 하고 혼자 해결하지 못할 것 같으면 주변에 도움을 요청해야겠다고 하였다. 처음에는 부모님이나 주변 사람의 도움을 받아서 관계가 개선될 수 있지만 차츰 회복하는 방법을 터득하고 스스로 해 나가야 한다는 것에 대해 이야기 나누었다.

관계의 에너지가 낮을 때 느낄 수 있는 감정에 대해서 좋고 고마운 친구에게는 먼저 인사하거나 용기 내어 고맙다는 말을 하여 자신의 마음을 적극적으로 표현할 수 있도록 연습해 보았다. 그리고 싫고 서운한 마음이 드는 친구와의 관계에서는 분위기 파악을 못하여 친구를 곤란하게 한 일, 자신이 이기적인 모습을 보인 일, 또래의 표현을 이해하지 못한 일 등 친구가 자신을 놀리고 싫어하는 이유가 무엇인지 생각해 볼 수 있도록 하였다. 또 친구와 다툴 때 상황을 회피하기 위해 거짓말을 하지 않고 진실하게 말하는 등 적절하게 대처하는 방법을 알아보았다. 내담자는 "이제 저도 중학생이 되니까 친구들이랑 더 잘 지내고 싶어요. 한번 해 볼게요."라고 의지를 다지며 회기를 마무리하였다.

▌Tip

1. '활동방법 2'에서 투명 플라스틱 컵을 준비하여 그 안에 물, 색모래, ○○킬라, 스프레이 등을 넣거나 뿌려서 눈에 보이지 않는 것이 빠져나온다는 개념을 이해하도록 도울 수 있다.

2. 에너지가 빠져나가는 것을 이해하기 위해 드라이아이스를 사용할 때 상자 안이나 책상에 물이 튈 수 있으므로 주의하여 사용하는 것이 좋다.

2

컵홀더

▌목표

1. 외상경험 후 다른 사람들과의 관계에서 자신의 불편한 감정을 인식할 수 있다.
2. 불편한 상황 또는 감정에서 관계를 지킬 수 있는 힘을 발견할 수 있다.

▌준비물

컵홀더, 색골판지, 사인펜, 연필, 가위, 풀

▌활동방법

1. 컵홀더의 용도에 대해 탐색한다.
2. 외상경험 후 자신과 타인에게 감정표현이 적절하지 않을 때는 언제인지 탐색한 후, 감정이 폭발적으로 표출되는 상황을 찾는다.
3. 뜨거운 컵의 음료를 마실 때 손이 데지 않도록 하는 컵홀더처럼 감정이 폭발적으로 표출되는 상황에서 자신과 타인을 안전하게 지킬 수 있는 방법을 탐색한다.
4. 마음에 드는 색상의 골판지 위에 컵홀더를 펼쳐 연필로 본뜬다.
5. 골판지의 울퉁불퉁한 안쪽 면에 감정이 폭발적으로 표출되는 상황을 그림으로 그린다.
6. 골판지의 매끄러운 바깥쪽 면에 감정이 폭발적으로 표출되는 상황에서 자신과 타

인의 관계를 안전하게 지킬 수 있는 방법을 그림으로 그린다.

7. 골판지의 양쪽 끝을 연결하여 컵홀더의 모양이 되도록 풀로 붙인다.

8. 컵홀더를 보고 어떤 느낌이 드는지 이야기 나눈다.

9. 활동 후 느낀 점에 대해서 이야기 나눈다.

사례 1.

급성 스트레스장애, 34세, 남

내담자의 외상에 대하여…

내담자는 3주 전 주말에 농구를 하다가 오른쪽 발목을 접질렸다. 단순히 접질렸던 것이라 생각했고 토요일 밤이라 병원을 가지 않았다. 일요일 아침이 되자 발은 움직일 수 없을 정도로 붓고 아팠다. 일요일에 진료를 하는 병원을 찾지 못해 지인의 추천을 받아 지인과 함께 침술원에 갔다. 침술원 침대에 앉은 후 침구사가 아픈 발목에 사혈침으로 피를 빼는데 피를 보자 갑자기 토할 것 같았다. 대침을 놓는데 발이 잘리는 듯한 고통을 느꼈고 그 순간 잠시 정신을 잃었다. 그 이후 사혈침으로 피를 뺐던 상황이 자꾸 떠오르고 그것을 생각하면 심장이 빨리 뛰고 온몸이 긴장되며 머리카락이 쭈뼛쭈뼛 서고 식은땀이 났다. 또한 하얀색 가운이나 흰 색깔의 옷을 입은 사람을 보면 속이 울렁거리고 토할 것 같은 느낌이 들었다. 흰 색깔의 옷을 입은 사람과 이야기를 할 때 침을 맞을 때의 상황이 떠올라 몸이 뻣뻣하게 경직되는 듯한 느낌이 들어 이야기의 내용에 집중할 수가 없었다. 또한 일을 하는 중에도 순간순간 그때의 일이 떠올라 어떠한 일도 집중해서 할 수 없었다. 주변 사람들의 인기척에 깜짝 놀라는 내담자를 보며 주변 사람들이 더욱 당황스러움을 느꼈다. 침을 맞은 그날 저녁부터 온몸에 침을 맞거나 발이 잘리는 꿈을 계속 꾸었으며, 꿈에서 깨면 온몸이 땀으로 젖어 있었다. 계속 꿈을 꾸게 될까 봐 잠을 자는 것이 힘이 들었고 숙면을 취할 수 없어 예민해졌다.

지속적인 치료를 위해 침술원에 가야 했지만 너무나도 고통스러워 갈 수가 없었다. 침을 맞은 후 몇 시간은 잠깐 걸을 수 있으나 발은 계속 부어 있었고 통증이 지속되어 더 이상 걷기 힘들었다. 통증과 증상이 심해져서 정형외과에 갔는데 발목인대가 끊어져 지금 당장은 아니지만 수술을 받아야 된다고 하였다. 수술을 해야 된다는 말에 식은땀이 나고 숨이 가빠지고 속이 울렁거렸다.

침술원에서 침을 맞은 이후 내담자는 쉽게 짜증을 냈으며 한번 화를 내면 절제되지 못하는 등의 행동에 주변 사람들이 힘들어하였다. 주변 사람들이 다가오면 깜짝깜짝 놀라고 경계를 하게 되는 자신을 발견하면서 비정상적인 행동을 하는 자기 자신을 이해하기가 힘이 들어서 치료를 시작하였다.

내담자와의 미술치료에서는…

컵홀더의 용도에 대한 이야기를 나누면서 요즘 자신이 많이 예민해진 것 같다고 하였다. 감정조절이 잘 되지 않을 때가 있으며 한발 물러서서 생각해 보면 그렇게 화를 낼 일이 아니었던 일인데 예민하게 반응하였던 것 같다고 하였다. 외상사건 후 여자 친구와 있으면서도 쉽게 화를 내는 모습을 많이 보여 여자 친구가 오늘은 기분이 별로인 것 같으니 다음에 보자고 해서 데이트를 일찍 끝냈던 적도 있었다고 하였다. 그러고 보니 여자 친구와 하루에 3~4시간씩은 전화 통화를 하는 편인데 최근에는 전화 통화가 많이 뜸해졌고 여자 친구가 내담자에게 왜 그렇게 화를 많이 내고 예민한지 모르겠다는 이야기를 많이 했다고 하였다.

골판지의 안쪽 면에 감정이 폭발적으로 표출되는 상황으로 발목에 사혈침으로 피를 뺄 때 피가 튀는 상황, 포장되어 있는 침, 주변 사람들이 자신에게 인기척을 할 때 스치는 손, 흰색 옷을 입은 사람들을 그리면서 최근 스스로 깜짝 놀랄 정도로 감정이 폭발적으로 표출되는 상황에 대해 이야기를 하였다. 하루는 사무실 책상에 핏자국을 발견하고는 소스라치게 놀라 뒷걸음질 치다가 넘어졌는데 직원이 깜짝 놀라서 달려와 책상에 묻은 것을 닦으며 점심을 먹었을 때 흘렸던 케첩이라고 이야기를 했는데도 "아! 핏자국"이라고 직원들에게 소리를 쳤다고 하였다. 그때 그렇게 소리칠 일은 아니었는데 왜 그렇게 소리를 질렀나 생각을 해 보니 피인 줄 알고 너무 놀랐었고 예전 기억이 났기 때문인 것 같다고 하였다.

평상시 내담자는 자신의 감정을 절제하며 상대방을 많이 맞춰 주는 편이었는데 외상 후 다른 사람들과의 관계에서 예민하게 반응하는 것이 많아졌고 쉽게 짜증을 내거나 화를 많이 내어 주변 사람들도 힘들고 자신도 힘들다고 하였다. 내담자는 자신의 외상은 발을 다치게 된 것인데 감정을 컨트롤할 수 있는 부분도 다쳐 주변 사람들과의 관계가 다 깨진 것 같다고 하였다.

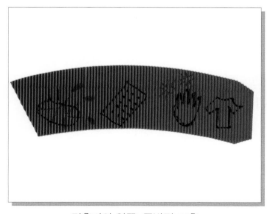

컵홀더의 안쪽: 폭발적 표출

컵홀더로 만든 모습: 폭발적 표출

　감정이 폭발하지 않도록 안전하게 지킬 수 있는 방법으로 자연의 소리를 듣기, 심호흡하기, 눈감고 취미생활(농구, 헬스) 생각하기 등을 찾아 골판지의 바깥쪽 면에 그림을 그렸다. 가끔 머리가 아픈 일이 있을 때 내담자는 핸드폰으로 새소리나 물소리 등 자연의 소리를 듣는데 자연의 소리를 들으면 심장이 빨리 뛰는 소리를 조금 덜 듣게 되고 자연의 소리에 맞춰 심호흡을 할 수 있기 때문이라고 하였다. 아침에 일어나자마자 자연의 소리를 듣게 되면 하루를 차분하게 시작하게 될 것 같고 그 느낌이 하루 종일 지속되어 사람들과의 관계에서도 예민하게 반응하지 않을 것 같다고 하였다. 또 자신이 예민하게 반응을 할 때 잠시 그 장소에서 빠져나와 심호흡을 하고 좋은 생각을 하면 예민한 반응을 잠재울 수도 있을 것 같다고 하였다. 또한 내담자는 자신이 좋아하는 취미생활을 생각하면 다른 것들은 잊을 수도 있을 것 같다고 하였다. 그래도 힘들 때에는 눈을 감고 아무런 생각이 들지 않도록 숫자를 세는 것도 좋은 방법이 될 것 같다고 하였다.

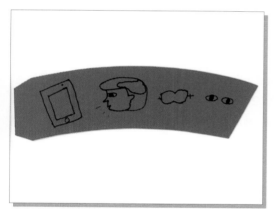

컵홀더의 바깥쪽: 안전 보호대

컵홀더로 만든 모습: 안전 보호대

사례 2.

외상후 스트레스장애, 18세, 남

내담자의 외상에 대하여…

　내담자는 어렸을 적부터 몸이 허약하였으며 키가 작고 왜소했다. 내성적인 성격이긴 하였으나 중학교 때까지는 친구들과 잘 지내는 편이었다. 고등학교에 입학하면서 어떤 친구를 사귀게 되었는데 그 친구는 힘이 세고 인기가 많았다. 어느 날 갑자기 이 친구가 내담자를 괴롭히기 시작했고 반에서 다른 친구들과도 어울리지 못하게 하였다. 다른 반 친구들도 내담자를 괴롭히도록 뒤에서 조정했고 괴롭힘은 학년 전체로 이어졌다. 매일 학교 가는 것이 힘들고 괴로웠으며 친구들이 자신을 괴롭혀 죽게 되는 꿈을 자주 꾸었다. 꿈에서 깬 후에는 친구들의 괴롭힘이 더욱 선명하게 떠올라 고통스러웠다. 언제부터 그 친구가 자신을 괴롭혔는지 생각을 해 보니 수업시간에 그 친구가 자기 집안에 대한 이야기를 하였는데 내담자는 그것이 친구가 되는데 방해가 되지 않는다는 의미로 "상관없어."라고 이야기했던 것을 그 친구가 잘못 알아들은 것 같았다. 오해라고 이야기를 해도 그 이후부터 무자비한 폭행이 시작되었다. 학교에 가는 것이 지옥 같았으며 담뱃불로 내담자의 몸을 지지겠다고 협박을 하는 등의 언어적인 폭행과 신체적인 폭행을 당해 차라리 죽는 것이 더 나을 것 같아 자살을 생각하였으나 자신만 바라보고 있는 부모님을 생각하여 자살 생각을 멈추고 부모님께 이야기하였다. 그래서 부모님께서 개입하였는데 우리들 사이의 일을 부모님께 말했다고 그것으로 또 괴롭혀 도저히 견딜 수가 없어 고등학교 1학년 2학기에 자퇴를 하였다. 그 후 길거리에 모여 있는 또래들을 보면 경직되고 자신에게 시비를 걸거나 폭행을 할 것 같아 그 옆을 지나가기 힘들고 두려웠다. 내담자를 괴롭히던 친구와 그 주변에서 함께 비웃는 친구들의 얼굴이 떠오르면서 아무것도 할 수 없는 자신이 너무 비참하게 느껴졌다.

　내담자는 자신이 말을 잘하지 못해 이런 상황이 생기게 되었다고 믿었다. 말수가 더욱 줄어들었고 더욱 소극적으로 변하였으며 감정 표현은 거의 없었다. 부모님께 이야기를 하고 자퇴를 한 것도 자신만 참으면 문제가 다 해결이 되는 것인데 자신이 참지 못해 부모님도 힘들고 자신도 힘들어진 것이라 생각했다. 자퇴 후 집 구석진 곳에 웅크리고 앉아 시간을 보내는 일이 많았다. 자기에 대한 부정적인 생각들로 인해 벽에 머리를 세게 부딪히는 등의 자해행동도 많아졌다.

　현재 사촌형이 군 입대를 위해 휴학한 상태여서 내담자와 함께 지내고 있다. 주변 사람들의 시선 때문에 집 밖을 나갈 때에는 혼자 나가지 않고 사촌형과 함께 나가며 내담자 혼자 외출하는 일은 거의 없었다. 심리치료도 사촌형과 누나, 그리고 부모님의 권유로 시작하게 되었다.

내담자와의 미술치료에서는…

평소 내담자는 감정 표현을 거의 하지 않는다고 하였지만 내담자에게 감정이 폭발적으로 표출되는 상황을 탐색해 보니 주변 사람에게 손가락질을 받을 때였다. 모두가 내담자를 보며 바보 같은 놈, 루저, 머저리 등 욕을 하는 것 같다고 하였다. 모르는 사람조차도 자신을 보며 비웃는 것 같아 참을 수가 없다고 하였다. 계속 참고 있는 자신이 벌레가 되어 가는 것 같아 죽을 것만 같고 싸우고 싶지만 친구에게 죽기 직전까지 맞았던 기억이 떠올라 싸울 힘도 없다고 하였다. 또한 내담자는 "그 사람(자신에게 손가락질을 한 사람)은 또 무슨 죄가 있겠어요, 다 제가 못난 탓이죠. 못난 제가 죽어야죠."라면서 자신을 부정적인 시각으로 바라보았다.

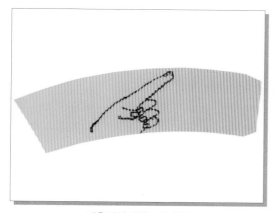

컵홀더의 안쪽: 삿대질

컵홀더로 만든 모습: 삿대질

내담자는 감정이 폭발하지 않도록 자신을 안전하게 지킬 수 있는 방법을 찾기 힘들어하였다. 일상생활에 대한 이야기를 나누다가 치료사에게 농구도 자신을 안전하게 지킬 수 있는 방법인지 물어보았다. 내담자에게 힘이 된다면 무엇이든 가능하다고 치료사가 이야기하자 골판지 바깥쪽에 농구공을 그리고 사인펜으로 '나의 힘'이라고 적었다. 글씨가 참 예쁘다고 칭찬하자 "다른 사람들도 이 정도는 적지 않나요?" 하고 물었다. 내담자는 누군가로부터 칭찬받는 일이 오랜만인 것 같다고 하였다.

농구는 사촌형과 함께하는데 농구를 하는 순간만큼은 아무런 생각도 들지 않고 집중할 수 있으며 이것이 감정 폭발에서 자신을 지킬 수 있는 방법이 될 것 같다고 하였다. 농구장은 사람들이 다니는 길과 떨어져 있어 주변 시선을 의식하지 않아도 되고 사촌형과 농구를 하고 있으면 농구에 집중해 따돌림을 당했던 기억이 나지 않는다고 하였다. 또한 자퇴 후 다른 사람과 만나서 무엇인가 하는 것이 부담스럽고 힘이 들었는데 농구는 사촌형과 둘이서도 할 수 있어서 좋다고 하였다. 사촌형이랑 농구를 하고 있으면 다른 사람들이 와서 같이 하자고 이야기를 할 때도 있고, 사촌형 친구들이 와서 함께할 때도 있기 때문에 농구는 유일하게 자신이 다른 사람들과 어울려서 시간을 보낼 수 있는 활동이라고 하였다. 형은 자신을 배신하지 않을 것 같고 형과 함께 있으면 누가 봐도 자신이 어린 동생처럼 보이기 때문에 친구들보다는 좀 편하다고 하였다. 자신의 주변에 아무도 없고 혼자라 생각했었는데 든든한 형이 있다는 것을 알게 되었다고 하였다.

상담을 하기 전에는 모든 것이 자신의 잘못이라고 생각했었고 자신으로 인해 부정적인 일들이 생긴다고 생각했었는데 상담을 하면서 손가락으로 가리키는 행동이 어쩌면 자신을 향하는 것이 아닐 수도 있다는 생각이 들어 조금은 다행이고 자신을 향하는 것이 아니라면 자신의 감정을 다스릴 수도 있을 것 같다고 하였다.

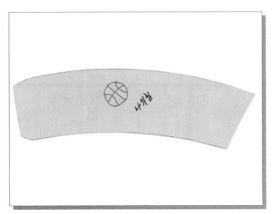

컵홀더의 바깥쪽: 나의 힘

컵홀더로 만든 모습: 나의 힘

▌Tip

1. 색골판지 외에도 부직포 또는 EVA폼 등의 다양한 재료를 사용하여 컵홀더를 만들 수도 있다.

2. 감정에 대해 표현하기 어렵거나 감정을 표현하는 것에 대해 회피반응이 나타난다 면 관계를 어렵거나 힘들게 하는 다양한 상황을 탐색해 볼 수도 있다.

3 희망 잇기

목표

1. 외상사건 후 자신의 대인관계 변화를 인식할 수 있다.
2. 좋은 대인관계를 통해 얻을 수 있는 장점을 인식하고 자신에게 필요한 관계를 형성 및 유지하는 기술을 알 수 있다.

준비물

콜라주 박스(인물), 색지, 다양한 종류의 끈, 사인펜, 색연필, 가위, 풀

활동방법

1. 외상사건 이전의 대인관계와 이후의 대인관계 변화에 대해 탐색한다(예: 외상사건 이전에 만나던 사람을 만나지 않게 된 경우나 외상사건 이후 새롭게 만나게 된 경우).
2. 콜라주 박스에서 자신을 나타내는 인물의 이미지를 찾는다.
3. 원하는 색지를 선택하여 자신을 나타내는 이미지를 중앙에 붙인다.
4. 외상 때문에 힘들 수 있지만 대인관계에서 자신이 좋은 관계를 맺고 싶은 사람의 이미지들을 콜라주 박스에서 찾는다. 원하는 이미지가 없으면 고쳐 그리거나 부분을 붙여 사용한다.
5. 자신이 좋은 관계를 맺고 싶은 사람 이미지들을 중앙에 붙인 자신의 이미지에서

원하는 만큼 떨어진 거리에 붙인다(예: 친밀한 관계는 자신과 가까이, 거리가 유지되어야 할 관계는 거리를 두고 띄워서 붙인다).

6. 자신을 나타내는 이미지와 관계 맺고 싶은 사람 이미지 각각을 끈이나 펜으로 연결시킨다. 관계를 맺고 싶은 정도나 방식에 따라 선의 굵기나 모양, 색을 다르게 표현한다.

7. 좋은 관계를 맺고 싶은 사람들은 어떤 매력을 가지고 있는지 유형이나 성향에 대해 이야기 나눈 후 자신이 이미 관계를 맺고 있는 사람들 중에 이런 사람들이 있는지 살펴본다.

8. 사람들과의 관계 속에서 좋았던 경험을 떠올린다.

9. 사람들과의 관계 속에서 이미 얻고 있는 좋은 점이나 얻을 수 있을 것이라 예상되는 좋은 점들은 어떤 것들이 있는지 생각한다(외상경험을 치료하는 데 대인관계에 대한 긍정적인 인식과 관계 형성이 도움이 된다는 것을 이야기 나눈다.).

10. 사람들과 관계 맺고 유지하는 방법 중에 자신이 알고 있는 것들을 찾는다. 자신이 알고 있는 것들이 많지 않으면 치료사와 함께 다양한 방법을 찾을 수 있도록 한다(예: 요청하기, 거절하기, 적당한 거리두기, 자신의 외상에 대해서 하고 싶은 만큼만 말하기, 자신에게 도움이 되는 사람 찾기 등).

11. 좋은 관계를 맺고 유지하는 방법 중에서 이미 실천하고 있는 것, 시도해 보고 싶은 것을 찾는다.

12. 사람들과 좋은 관계를 맺고 유지하기 위해서 지금 자신에게 가장 필요한 것은 무엇인지 생각한다.

13. 활동 후 느낀 점에 대해서 이야기 나눈다.

사례 1.

급성 스트레스장애, 26세, 여

내담자의 외상에 대하여…

　내담자는 직장 동료들과 회식에 갔는데 같은 부서 남자 직원이 옆자리에서 술을 계속 권하며 많이 따라 주었다. 내담자가 술에 취하자 어깨에 손을 올리거나 허리를 감싸는 행동을 한 기억이 나는데 어느 순간 술자리에서 필름이 끊겼고 깨어 보니 모텔이었다. 모텔방에서 남자 직원을 본 순간 너무 놀라서 소리를 지르자 마구 구타를 하며 목을 조르기 시작했다. 남자 직원의 손에서 벗어나려 몸부림을 쳤지만 힘으로 꼼짝하지 못하게 하였고, 내담자가 움직이려고 하면 뺨을 때리고 주먹을 휘두르며 욕을 퍼부었다. 남자의 폭행과 힘을 이겨 낼 수가 없었던 내담자는 그 자리에서 성폭행을 당했다. 이후 그 남자 직원이 아무 일 없었던 것처럼 돌아다니는 것이 너무 끔찍했고 그 남자 직원을 보지 않으려고 피해 다녔다. 사건에 대한 기억이 떠오를 때마다 분노감과 수치감으로 허벅지를 움켜잡아 시퍼렇게 멍이 들었고, 몸에서 무언가 스치는 듯한 이상한 느낌이 들 때마다 온몸을 긁어서 몸에 상처가 나고 딱지가 떨어져 진물이 흘렀다. '왜 그 놈이 나를 성폭행한 걸까' '왜 내가 그 자리에 갔을까' 라는 생각이 자주 들었고 자신이 완전히 망가진 것같이 느껴졌다. 악몽을 반복해서 꾸어 잠자는 것이 힘들어 차라리 자지 않으려고 노력했다. 직장에서 직장상사의 지시를 듣다가도 멍해지고 집중이 되지 않아서 일을 제대로 할 수가 없었다. 남자 직원들이 가까이에 다가오면 소스라치게 놀라고 심하게 경계하게 되고 화를 내서 다투게 되어 직원들과 사이가 나빠졌다. 그 남자직원이 협박을 하며 성관계를 계속 요구해서 고민하던 끝에 가깝게 지내던 여자 동료에게 도와달라고 이야기를 했으나 성폭행을 당한 것과 그 상황에 대해서 믿어 주지를 않았다. 그 후 자신의 이야기가 주변 사람들에게로 퍼져 나갔고, SNS에서 그 남자 직원의 주변 사람들이 남자 편을 들면서 내담자는 나쁜 여자가 되어 버렸다. 자신을 믿어 주는 사람이 하나도 없고 외톨이가 된 것 같았고 '사람을 믿을 수 없다.'는 생각이 자꾸 들었다. 사람들과 있으면 수치심에 고개를 숙이게 되고 얼굴을 들 수가 없었으며 사람들이 자기를 보며 손가락질하는 것만 같았다. 꿈속에 있는 듯한 느낌이 자주 들고 멍해졌다. 회사를 그만둔 이후 집에서만 지냈고, 직장동료들과는 아예 연락을 끊었다. 학교 동창들에게도 SNS를 통해 소문이 나서 동창들과의 연락을 피했다. 이야기를 하고 지내는 사람은 친언니뿐이었고 언니의 권유로 병원을 방문하여 약물치료와 함께 미술치료를 시작해서 지속하고 있다.

내담자와의 미술치료에서는…

　내담자는 외상사건이 있은 이후로 사람들과의 관계가 정말 많이 변했다고 하였다. 자신은 외향적이고 활발해서 사람들과 잘 어울리는 편이었는데 요즘은 사람들이 쳐다보는 것 자체가 부담스럽고 수치스럽게 느껴진다고 하였다. 사람들이 다른 사람 일에 그렇게 관심이 많은지 몰랐는데 SNS로 자신의 이야기가 퍼지는 것을 막을 길이 없었고, 자신의 SNS에 그 남자의 주변사람들이 악플을 달아서 SNS도 끊고 사람들과의 연락을 모두 끊었다고 하며, 연예인들이 악플 때문에 힘들다는 것이 정말 이해된다고 했다. 그리고 외상사건 이후에 정말 자신을 믿어 주는 사람이 누구인지 알 수 있었다고 했다. 사건 이전에는 내담자의 언니와 사이가 좋지 않았다고 하며, 언니는 바르고 집에서 하라는 대로 하는 모범생인데 자신은 노는 것을 좋아하고 클럽에 다녀서 언니에게 잔소리를 많이 들었다고 했다. 그런데 다른 지방에 있는 언니가 자신의 일을 알고 찾아와서 이야기를 들어 주었고 '너 왜 그랬어?'라고 비난하고 야단칠 줄 알았는데 한 번도 그렇게 말하지 않아 줘서 너무 고마웠다고 했다. 그리고 요즘은 전화 통화를 하면서 언니와 이야기를 많이 하게 되었다고 하였다.

　내담자는 콜라주 박스에서 여러 이미지를 조심스럽게 살펴보며 자신을 나타내는 이미지를 찾기 시작했다. 내담자가 선택한 이미지는 앉아 있는 모습이 힘이 없어 보이고 '이제 어떻게 하나' 고민하고 있는 자신 같다고 하였다. 파란색 도화지를 선택해서 자신을 나타내는 이미지를 중앙에 배치했다.

　　콜라주 박스에서 자신이 좋은 관계를 맺고 싶은 사람들의 이미지를 하나씩 찾아서 도화지에 붙이고 자신을 나타내는 이미지와 연결 시켜 나갔다. 가장 먼저 선택한 것은 자신의 언니를 나타내는 이미지였다. 언니는 강한 면이 있어서 카리스마가 넘치는 연예인 이미지를 선택했다고 하였다. 언니는 자신에게 어머니 같고 자신을 믿어 주는 유일한 사람이라고 하며 지금 자신이 기댈 수 있는 가장 든든한 백이라고 하였다. 실제 내담자의 어머니는 직장생활을 하며 바빠서 자상하게 돌봐 주는 면이 없었다고 했다. 그래서 어릴 때부터 어머니가 집에 있는 친구들이 부러웠다고 하며 어머니가 밥도 챙겨 주고 도시락도 싸 주고 같이 수다도 떨어 주기를 바랐다고 하였다. 요즘은 자신의 언니가 전화를 걸어서 밥은 잘 챙겨 먹는지 하루 동안 어떻게 지냈는지 매일 물어봐 주는데 어릴 때 원했던 어머니 같다고 하였다. 자상하게 챙겨 주는 언니가 너무 고맙고 멀리 떨어져 있지만 가장 큰 영향을 미치고 있다고 하며 오른쪽 상단에 붙였다. 언니와는 예전과 다르게 특별해져서 초록색 구슬로 특별하게 연결시켰다고 하였다.

　다음으로는 어린아이 이미지를 선택하였다. 어린아이는 순진하고 순수하여 사람을 편견 없이 봐줄 것 같은 사람이라고 하였다. 자신에게 악플을 달거나 손가락질 하지 않을 것 같다고 하며 앞으로 이런 사람을 만나 보고 싶고 자신도 똑같이 편견 없이 봐주고 믿어 주고 싶다고 하였다. 너무 순진한 것은 자신의 약점이기도 하지만 순수한 마음은 간직하고 싶어서 순수함을 나타내는 노란 스티커를 붙이고 그 위에 진주 구슬을 붙여 연결시켰다고 하였다.

　자신의 왼쪽에 가장 가까이 있으며 철사로 연결한 여자는 분위기 있어 보이고 지적인 여성처럼 보여서 붙였고, 자신에게는 부족한 모습인데 이런 사람을 가까이 하고 싶다고 하였다. 내담자에게 문제가 생겼을 때 해결방법을 알려 주거나 도와줄 수 있을 것 같다고 하였다.

연두색 사인펜으로 연결된 세 명의 여자는 언니의 친구들을 생각하며 붙였다고 하였다. 직접 만나 본 적은 없지만 언니가 집에서 할 수 있는 일을 연결시켜 주려고 하는 사람들이라고 하였다. 언니처럼 편안할 것이라고 기대를 하며 언니와 연결한 것과 비슷한 색인 연두색으로 연결했다고 하였다.

빨간색 모루로 연결된 세 명의 여자들은 자신과 비슷한 또래에 발랄하고 패션을 좋아하고 클럽에서 즐기는 것을 좋아하는 사람들이라고 하였다. 자신을 똑바로 쳐다보는 것처럼 보여서 처음에는 눈을 피하고 싶었지만 당당하고 자신감이 있어 보여서 닮고 싶다고 하였다.

빨간색 종이 끈으로 연결된 오른쪽 제일 아래의 여자는 잘 웃고 사랑스러워서 사람들에게 인기가 많은 여자라고 하였다. 빨간색으로 연결된 사람들은 자신의 예전 모습같이 느껴져서 그런 모습을 다시 갖고 싶다고 하였다.

가장 마지막에 선택한 것은 자신과 가장 멀리 떨어진 왼쪽 아래의 이미지다. 두 사람이 함께 다정한 모습인데 서로 아껴줄 수 있는 좋은 친구를 만나 보면 좋겠다고 하였다. 새로운 사람과의 관계에 대해 긍정적인 희망을 보여 주었다.

　　내담자가 좋은 관계를 맺고 싶은 사람들은 자신의 친언니처럼 편안하고 자신을 믿어 주며 자신에 대해 긍정적으로 생각해 주는 사람들인 것 같다고 하였다. 사람들과의 관계 속에서 좋았던 경험은 친구들과 내담자가 좋아하는 패션 이야기를 나눌 때 각자 자기 생각을 자유롭게 말하고 들어주는 분위기가 좋았다고 하였고, 그때는 이야기 나눌 사람이 있다는 것이 그렇게 좋은 것인지 몰랐던 것 같다고 하였다.

관계 콜라주

　　사람들과의 관계 속에서 얻을 수 있는 가장 좋은 점은 위로를 받고 힘을 얻을 수 있는 점인 것 같다고 하였다. 언니와 관계가 좋아지면서 자신이 힘을 얻었고 사람들을 직접 만나는 것이 힘들면 앞으로 집에서 재택근무를 할 수 있도록 언니가 도와주겠다고 해서 너무 고마웠다고 했다. 그래서 자신도 언니처럼 다른 사람들에게 도움을 주는 사람이 될 수 있을지 생각해 본다고 하였다. 좋은 관계를 맺고 유지하는 방법 중에 실천하고 있는 것은 언니의 이야기를 잘 들어 주는 것이고 시도해 보고 싶은 것은 사람들과 거리두기라고 하였다. 자신과 다른 사람들이 연결된 모습을 보면서 사람들에게 또다시 상처받게 될까 봐 두렵고 움츠러드는 마음이 있었는데 치료사와 이야기를 나누면서 거리두기를 하면 안전하게 사람을 만날 수 있을 것 같다는 희망이 생겼다고 하였다. 시간이 많이 걸리겠지만 새로운 일을 하면서 새로운 사람들을 알게 될 것이고 그때는 말을 걸어 오면 대답을 할 수 있을 만큼 좋아지기를 바란다고 하였다. 지금 대인관계에서 자신에게 필요한 것은 사람에 대한 믿음인 것 같다고 하였다.

사례 2.

외상후 스트레스장애, 20세, 남

내담자의 외상에 대하여⋯

　내담자는 중학교 2학년 때 학교의 일진이 교외로 불러내어 돈을 뺏고 구타를 했다. 중학교 3학년 때까지 1년 넘게 수차례 구타와 강탈이 계속되었다. 이후 상위권이었던 성적은 계속 떨어졌고 준비하고 있던 특성화고등학교에 떨어져서 일반 고등학교에 진학했다. 그 학교는 일진들과 같은 학교였고 그들을 보면서 분노조절이 되지 않아 학교 내에서 소리를 지르고 의자와 책상을 던져서 부수는 일이 반복되어 징계를 받았다. 그 후로도 일진들을 보면 분노조절이 되지 않아 고등학교 1학년 1학기를 마치지 못하고 자퇴하였다.

　일진 중 한 명과 같은 동네에 살기 때문에 종종 마주치게 되면 몸을 숨기고, 도망치고 있는 자신을 보며 약하고 못난 사람이 된 것 같은 자괴감이 들었다. 일진들과 비슷하게 팔에 문신이 있거나 담배냄새가 나는 사람을 보면 구타를 당할 때 장면이 불쑥 떠올라 괴로웠다. 과거의 자신과 현재의 자신이 다른 사람인 것처럼 느껴졌고 과거에 공부 잘하고 칭찬받던 자신은 없어졌고, 현재 자신은 죽어야 하는 사람 같았다. 일진들이 내담자의 인생을 망쳐 놓은 것 같아 화가 나다가 슬퍼졌다가를 반복하였고, 멍하게 지내는 시간이 지속되었다. 너무 멍하게 있다가 차도에 뛰어든 적도 있었다. 고등학교 자퇴 후 손목을 긋고 자살시도를 해서 병원에 2개월 동안 입원했었다. 내담자의 아버지가 남자가 그것도 극복을 못한다고 비난을 하였고, 아버지에게 대들다가 아버지에게 심하게 맞은 이후로 아버지와는 말을 하지 않는 상태. 어머니와 여동생하고는 이야기를 하지만, 다른 또래 관계와는 연락이 전혀 없다. 내담자가 고통을 당하도록 내버려 둔 신이 원망스럽고 자신이 죽은 사람같이 느껴졌다. 1년 전에도 칼로 손목을 긋는 자해행동을 하였다. 손목에서 피가 흐르는 것을 보고 나서야 자신이 자해를 했다는 것을 알게 되었고 어떻게 했는지, 왜 했는지 기억이 나지 않았다. 병원치료를 받으면서 어머니가 권유하여 미술치료를 시작하였고, 1년 정도 치료를 지속하고 있다.

내담자와의 미술치료에서는…

내담자는 외상사건 후에 자신의 대인관계는 가족만 남았고 모두 끊어졌다고 하였다. 새롭게 만들어진 관계가 있는지 물어보자 집 말고는 병원과 치료실에 가는 것이 전부라고 하며 의사와 치료사를 새롭게 만나게 되었다고 하였다.

내담자는 외상사건 이전의 자기 모습으로 돌아가고 싶다고 하며 자신을 웃는 모습의 젊은 남자로 선택하여 중앙에 붙였다. 그리고 한참 동안 콜라주 박스에서 여러 사람들을 들여다보았다가 손으로 집었다가 다시 내려놓기를 반복하였다.

오른쪽 상단에 넥타이를 매고 정장차림을 한 남자를 선택해서 붙였다. 이 남자는 전문적인 사람으로 병원에서 만난 의사 같은 사람이고 자신의 생명을 구했고, 앞으로도 위험한 일이 있을 때 이런 전문적인 도움이 필요할 것 같다고 하였다.

오른쪽 하단에는 편안한 모습으로 웃고 있는 남자를 붙였다. 예전의 인자한 아버지가 좋았다고 하며 그 때 아버지 같다고 하였다. 아버지가 예전처럼 돌아온다면 아버지와 다시 잘 지낼 수 있을 것 같다고 하였다. 자신이 아버지와 사이가 좋아지려면 일단 똑바로 살아야 할 것 같다고 하며 아버지가 자신을 약한 녀석이라고 했고 그래서 자신을 싫어한다고 하였다. 아버지와 같이 살고 있고 치료를 받으러 다니면서 마주치면 고개를 끄덕이며 인사 정도는 하고 있다고 하여 자신이 제대로 살아 보려고 노력을 하는 모습을 아버지가 지켜보고 있다고 하였다.

하단에는 여자를 붙였고 상냥하고 이야기를 잘 들어 줄 것 같다고 하며 어머니와 비슷하다고 하였다. 어머니께 죄송한 마음이 많이 들고 요즘 자꾸 혼자 우시는 것 같아서 너무 가까이에는 못 있겠다고 하였다.

　　왼쪽 상단의 남자아이는 어린 시절 자신의 모습 같다고 하였다. 어리고, 아무것도 모르고, 놀이터에서 흙장난을 하던 때가 그립다고 하며 예전으로 돌아가고 싶다고 하였다.

　　남자아이와 연결된 여자는 잘 웃고 활발하고 자기가 하고 싶은 말은 다 하면서도 인기가 많은 사람이라고 하였다. 유치원 때 자신과 친하게 지내던 여자아이를 생각나게 하는데 자신에게 사과맛 사탕은 싫다고 딸기맛으로 바꿔 달라고 하고 까칠하게 굴었지만 싫지 않았고 한번은 다시 만나 보고 싶다고 하였다.

　왼쪽 옆에 가장 가까이 있는 사람은 자신에게 무언가를 나누어 주고 배려해 주는 사람이라고 하였다. 이 사람은 아는 것이 많고 가진 것이 많아 다른 사람들을 해치지 않고 자신이 가진 것을 나누어 주는 친절한 사람이라고 하였다. 다음 달부터 검정고시 학원을 다닐 계획인데 학원 선생님이 이런 사람이었으면 좋겠다고 하였다.

　왼쪽 맨 아래에 전화를 하고 있는 여자는 자신의 여동생 같다고 하며 밖에 나가 있을 때 자신이 전화를 하면 잘 받아 주고 필요한 것을 이야기하면 잘 사다 준다고 하였다.

    관계에 대한 연결은 강하지 않아 보이는데 이유가 그동안 사람과의 관계 맺기에 대한 경험이 별로 좋지 않기 때문이라고 하였다. 직접적인 방식보다 간접적으로 사람들을 알고 있으면 상처받지 않을 것 같다고 하였는데 이는 소극적이지만 관계 맺기를 시도하려는 것으로 보였다.

    내담자가 좋은 관계를 맺고 싶은 사람들은 친절한 성향인 것 같고, 다른 사람의 이야기를 잘 들어주는 사람들인 것 같다고 하였다. 또 자신이 되고 싶은 사람도 있다고 하며 하고 싶은 말을 다 하면서도 인기가 많은 사람이 되고 싶은 사람이라고 하였다. 여동생과는 지금도 좋은 관계를 맺고 있는 것 같다고 하였다. 관계 속에서 좋았던 경험으로 어릴 때 아버지와 캐치볼을 함께 했을 때 즐거웠다고 하였고, 또 아버지가 친척들에게 자신의 성적을 자랑할 때 인정받는 것같이 느껴져서 좋았다고 하였다.

관계 콜라주

    내담자는 사람들과의 관계 속에서 얻는 좋은 점은 찾기가 어렵다고 하여 사소하고 작은 것이라도 찾아보도록 격려하였다. 내담자는 치료사와 함께 이야기를 나눌 때 치료사가 자신의 말에 고개를 끄덕이면 인정받고 있는 것 같고, 치료사가 '그럴 수 있겠다.'고 말하면 자신이 괜찮은 사람같이 느껴질 때가 있다고 하며 그것이 관계 속에서 얻는 좋은 점 같다고 하였다.

　내담자가 좋은 관계를 맺고 유지하는 방법 중 실천하고 있는 방법은 현재 같이 사는 가족과 치료실에서 치료사와 치료사의 동료들과 인사하는 것이라고 하였다. 다음 달부터 검정고시 학원을 다니면서 거기에서 친절한 선생님을 만나고 싶고 이야기를 잘 들어 주고 활발한 사람을 만나게 되면 자신에게도 활력이 생길 것 같다고 하였다.

　현재 자신에게 필요한 좋은 관계를 맺고 유지하는 기술은 다른 사람이 말을 걸면 대답을 하는 것이라고 하였다. 내담자는 치료실에서 다른 치료사들과 눈을 맞추며 인사를 하고 있는데 자신이 가족 외 다른 사람을 만나서 얼굴을 보고 인사를 하는 것은 정말 오랜만의 일이라고 하며 다른 사람에 대한 자신의 마음이 조금씩 열리고 있음을 느낄 수 있다고 하였다. 이런 시도와 노력을 계속하면 자신에게도 편한 사람, 함께하고 싶은 사람이 생길 것 같은 기대도 있다며 회복의 의지를 다짐하였다.

참고문헌

권석만(2014). 이상심리학의 기초: 이상행동과 정신장애의 이해. 서울: 학지사.

권준수, 김재진, 남궁기, 박원명, 신민섭, 유범희, 윤진상, 이상익, 이승환, 이영식, 이헌정, 이묘덕, 강도형, 최수희(2015). DSM-5 정신질환의 진단 및 통계 편람(제5판). APA. 서울: 학지사.

김은정(2000). 사회공포증. 서울: 학지사.

김청송(2015). 사례중심의 이상심리학. 서울: 싸이북스.

이용승(2000). 범불안장애. 서울: 학지사.

임재호(2014). 트라우마 이해와 치료방법론. 서울: 심리상담교육연구회.

지용(2013). 톡톡 튀는 신세대 수상학. 서울: 당그래출판사.

편집부(2014). 우등생 전과 초등 5-2세트. 서울: 천재교육.

山樵(2015). 손에 잡히는 손금 해독의 기술(이성천 역). 서울: 문원복.

Eric J. Mash & David A. Wolfe (2001). 아동이상심리학(조현춘 외 역). 서울: 시그마프레스.

Rita Wicks-Nelson & Allen C. lsreal (2011). 아동 · 청소년 이상심리학 제7판(정명숙, 손영숙, 정현희 역). 서울: 시그마프레스.

Ronald J. Comer (2014). 이상심리학 제7판(오경자, 정경미, 송현주, 양윤란, 송원영, 김현수 역). 서울: 시그마프레스.

Webber Plotts (2013). 정서행동장애 이론과 실제 제5판(방명애, 이효신 역). 서울: 시그마프레스.

저자 소개

최외선(Choi Oeseon)
영남대학교 명예교수
수련감독미술치료전문가

김갑숙(Kim Gapsuk)
영남대학교 미술치료 전공 교수
수련감독미술치료전문가

서소희(Seo Sohee)
부산인지심리연구소 소장
미술치료사

류미련(Ryu Miryun)
부산인지심리연구소 교사
미술치료사

강수현(Kang Suhyun)
부산인지심리연구소 교사
미술치료사

조효주(Cho Hyoju)
부산인지심리연구소 교사
임상미술심리상담사 2급

박금채(Park Geumchae)
부산인지심리연구소 교사
임상미술심리상담사 2급

우울, 불안, 외상후 스트레스장애와 만나는
미술치료 열두 달 프로그램 V
Art Therapy Twelve Months Program V
with Depression, Anxiety, Post-Traumatic Stress Disorder

2016년　7월 15일 1판 1쇄 발행
2017년　9월 15일 1판 2쇄 발행

지은이 • 최외선 · 김갑숙 · 서소희 · 류미련 · 강수현 · 조효주 · 박금채
펴낸이 • 김진환
펴낸곳 • (주) 학지사
　　　　04031 서울시 마포구 양화로 15길 20 마인드월드빌딩
대표전화 • 02-330-5114　　팩스 • 02-324-2345
등록번호 • 제313-2006-000265호

홈페이지 • http://www.hakjisa.co.kr
페이스북 • https://www.facebook.com/hakjisabook

ISBN 978-89-997-0981-4 93180

정가 18,000원

이 도서의 국립중앙도서관 출판시도서목록(CIP)은 서지정보유통지원
시스템 홈페이지(http://seoji.nl.go.kr)와 국가자료공동목록시스템
(http://www.nl.go.kr/kolisnet)에서 이용하실 수 있습니다.
(CIP 제어번호: CIP2016015105)

교육문화출판미디어그룹 학지사

심리검사연구소 인싸이트 www.inpsyt.co.kr
원격교육연수원 카운피아 www.counpia.com
학술논문서비스 뉴논문 www.newnonmun.com